金融機関行職員が知っておきたい

インボイス制度Q&A

辻・本郷税理士法人／
辻・本郷ITコンサルティング株式会社 編

経済法令研究会

はじめに

インボイス制度が令和5年10月1日から始まります。

すでに、多くの企業がインボイス制度への対応をされているなかで、金融機関行職員に対して、お客さま（中小企業・個人事業主などの取引先）より**具体的に何をすればよいのかわからない**というお問合せやご相談を受けるケースが増加してきており、それに対して、金融機関行職員は、誤りなく対応することが求められています。

そこで、本書では、**インボイス制度に関する基本的なお問合せと、インボイス制度に関する取引先からのご相談**を想定して、Q&Aに簡潔にまとめました。

税制度は正確に把握しておく必要がある上に、個々のお客さまの事情に応じたさまざまな対応が必要となります。そのため、「インボイス制度にはメリットがあります」などと一律の対応をすると、クレームにつながってしまいます。
基本的な制度の概要のお問合せに対応するだけでなく、**クレームを回避する**ために、本書Q&Aの「A」（Answer）に記載の内容を、**最低限の対応**として、しっかりと頭に入れておくことをおすすめします。

お客さまがインボイス制度に関心が高まる理由は、**消費税の納税額**に影響することにあります。

インボイスとは、適格請求書発行事業者が発行する適格請求書をいいます。
売り手が買い手に対して正確な消費税額等を伝える手段がインボイスであり、買い手は、そのインボイスを受け取ることで、消費税の仕入税額控除が受けられるようになります。仕入税額控除とは、商品の販売や提供の際に預かった消費税から仕入れの際に預けた消費税を差し引く（控除する）ことです。

現在、免税事業者（売上が1,000万円以下）の場合は、消費税を納める必要はありませんが、インボイス制度が開始すると、免税事業者はインボイスを発行することができません。そのため買い手は免税事業者と取引した場合、インボイスを受け取ることができないため、消費税の納税額負担が大きくなります。そこで、買い手は免税業者に対して、インボイスを発行する課税事業者（適格請求書発行事業者）となって、インボイスを発行するように求めることが予想されます。免税事業者にとっては、適格請求書発行事業者になると、今まで納めていなかった消費税を納める必要があるため、適格請求書発行事業者になるべきか悩むケースが生じます。

このようなケースに対して、お客さまよりお問合せやご相談を受けた場合に対応できるように、本書は、解説に図表を多用してわかりやすく解説しています。

本書を活用することで、お客さまの本業支援の一助となるよう祈念してやみません。

令和５年６月９日

辻・本郷税理士法人／辻・本郷ITコンサルティング株式会社

金融機関行職員が知っておきたい　インボイス制度Q&A

目 次

1章 インボイス制度の基本Q&A

2章 インボイス制度に関する取引先からの相談Q&A

1章

インボイス制度の基本Q&A

Q 1-1 企業が支払う消費税の仕組みとは？

企業の納める消費税は、消費者から預かった消費税額から取引先へ支払った消費税額を控除して計算します。

消費税は、事業者が商品や製品を販売し、サービスを提供することなどにより消費者から預かった消費税額から、仕入れの際に取引先に支払った消費税額を控除して、納付する消費税額を計算する仕組みを採っています。この各取引段階で税が累積しないようにする仕組みを仕入税額控除といいます。仕入税額控除を行うためには帳簿や請求書等の保存が求められ、これらの記載事項について消費税法で定められています。

解説

消費税とは、簡潔に言えば、商品・製品の販売やサービスの提供等の取引に対して広く公平に課税される税で、商品等の価格に上乗せされた消費税と地方消費税分を最終的に消費者が負担するというものです。しかし、法人税や所得税等と大きく異なり、**消費税を負担すべき消費者が納付するのではなく、各取引の段階で消費税を預かった事業者が消費者に代わり納付するという仕組み**（間接税）となっています。

間接税である消費税は最終的な負担者は消費者ですが、通常モノやサービスは生産や流通、販売等の各取引段階を経て消費者に届きます。その途中の各取引でも消費税は当然発生しますが、各事業者及び最終負担者である消費者が支払う消費税には前段階で事業者が支払った消費税も累積し、二重課税となってしまいます。そこで消費税の仕組みでは、**事業者が商品や製品を販売し、サービスを提供することなどにより消費者から預かった消費税額から、仕入れの際に取引先に支払った消費税額を控除して納付する**消費税額を計算し、各取引段階で税が累積しないようにしています。これを仕入税額控除といいます。

◎消費税及び地方消費税の負担と納付の流れ

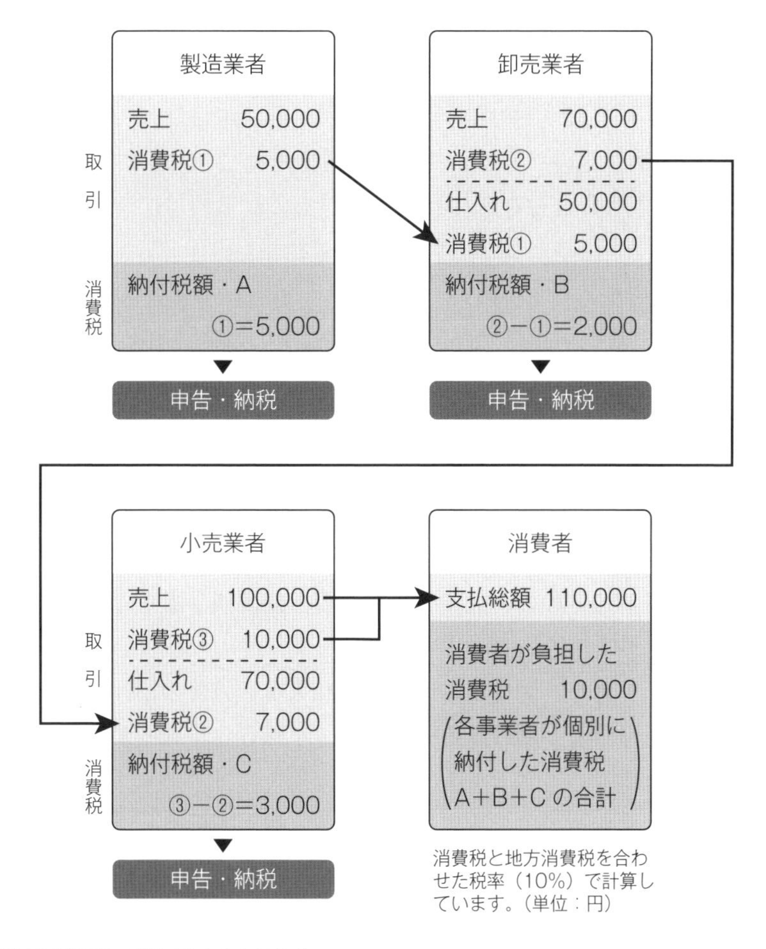

出典：国税庁ウェブサイトをもとに作成

Q 1-2 インボイス制度とはどんな制度？

A インボイス制度とは、インボイスを保存することで仕入税額控除ができるという制度です。

前項の通り、取引段階で税が累積しないよう仕入税額控除という仕組みがあり、仕入税額控除を行うためには帳簿や請求書等の保存が求められ、これらの記載事項について消費税法で定められています。

インボイス制度においては、仕入税額控除の要件の１つとして、適格請求書発行事業者が発行する適格請求書（以下、「インボイス」という）を保存することが求められます。

解説

現行の制度においては、仕入税額控除の要件として、請求書等の保存は求められているものの、売り手（発行者）が課税事業者か免税事業者かは問われていません。

しかし、インボイス制度においては、仕入税額控除の要件として、適格請求書発行事業者が発行するインボイスを保存することが求められます。

インボイスを発行するためには、税務署に対して適格請求書発行事業者の登録に向けた申請を事前に行い、また、現在使用している請求書等に適用税率や消費税額等の記載事項を追加する必要があるなど、インボイス制度スタートに向けて対応が求められることになります。

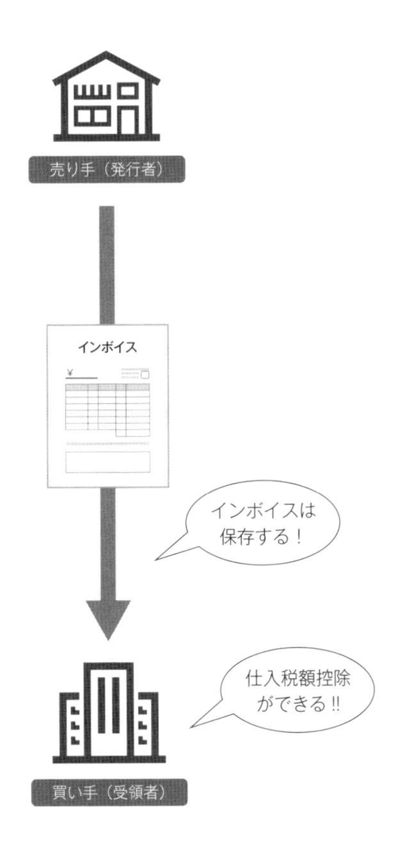
売り手（発行者）
インボイス
インボイスは
保存する！
仕入税額控除
ができる!!
買い手（受領者）

1-3 消費税が課税される取引とはどんな取引？

対価を得て行う取引のほとんどすべての取引が対象です。

消費税は、国内において事業者が事業として対価を得て行う資産の譲渡、資産の貸付及び役務の提供に課税されますので、商品の販売や運送、広告等、対価を得て行う取引のほとんどが課税の対象となります。
また、外国から商品を輸入する場合は輸入の時に課税されます。

解 説

○国内取引

国内取引の課税対象は、下記４つの要件をすべて満たす取引となります。

①国内において行う国内取引であること。

消費税は、国内取引に対して課税されるため、事業者が国内と国外にわたって取引を行っている場合は、国内取引であるか国外取引であるかの判定が必要となります。

【原則】

・資産の譲渡又は貸付の場合は、その資産の所在する場所

・役務の提供の場合は、提供が行われた場所が国内であれば国内取引

②事業者が事業として行うものであること。

法人が行う取引はすべて「事業として」に該当しますが、個人事業主の場合は、事業者の立場と消費者の立場を兼ねているため、事業者の立場で行う取引が「事業として」に該当し、消費者の立場で行う資産の譲渡等は「事業として」に該当しません。

③対価を得て行うものであること。

資産の譲渡等に対して反対給付を受けることをいい、寄付金や補助金のようなものは一般的には資産の譲渡等の対価に該当せず、原則として課税対象となりません。

④資産の譲渡、資産の貸付、役務の提供であること。

○輸入取引

輸入取引の場合は、保税地域から引き取られる外国貨物が課税対象となります。保税地域とは、輸出入手続を行い、また、外国貨物を保管又は加工・製造・展示等をすることができる特定の場所を言います。

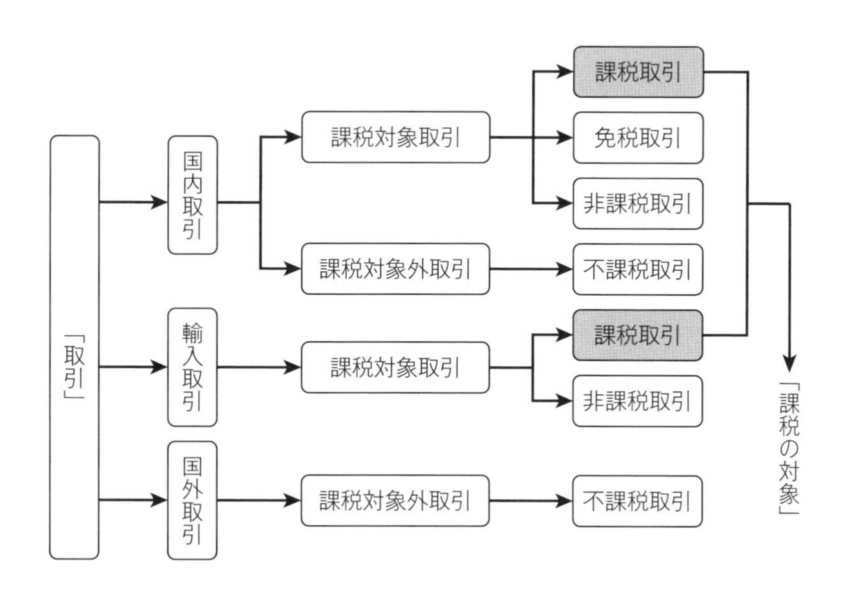

Q 1-4 消費税の課税事業者と免税事業者の違いとは？

A 消費税納税の義務が免除されているかどうかです。

消費税の課税事業者とは、消費税の納税義務がある法人及び個人事業主をいい、免税事業者とは、消費税の納税義務が免除されている法人及び個人事業主をいいます。

解説

課税事業者とは、消費税の納税義務があり、下記の①～④のいずれかに該当する事業者をいいます。

①基準期間における課税売上高が1,000万円を超える場合

②特定期間[※1]における課税売上高が1,000万円を超え、かつ、特定期間中に支払った給与等の金額が1,000万を超えた場合

③新設法人（基準期間のない法人で事業年度の開始の日における資本金の額又は出資の金額が1,000万円以上である法人）

④特定新規設立法人（基準期間のない法人で事業年度開始の日における資本金の額又は出資の金額が1,000万円未満で一定の要件[※2]を満たす法人）

※1　法人の場合は原則前年度開始の日から6か月の期間、個人の場合は前年の1月から6月までの期間をいう。

※2　株主から直接又は間接に50％超の株式等の出資を受けているなど、実質的にその株主に支配されているかつ、上記株主又は上記株主と一定の特殊な関係にある法人のうち、いずれかの基準期間に相当する期間における課税売上高が5億円超であること。

課税事業者に該当する事業者は、速やかに税務署に消費税課税事業者届出書を提出する必要があります。届出の提出を忘れていた場合でも、消費税の納税義務が発生しますので、消費税の申告を忘れないように注意しましょう。

免税事業者とは消費税の納税義務が免除されており、基準期間における課税売上高が1,000万円以下の事業者を指します。基準期間とは個人事業主の場合は2年前の課税売上高、法人の場合は原則、前々事業年度の課税売上高のことを指します。

また免税事業者に該当する場合であっても、消費税課税事業者選択届出書を提出したときは、その提出をした日の属する課税期間の翌課税期間以後の課税期間において課税事業者となります。消費税課税事業者選択届出書を提出した場合には、原則として適用が開始した課税期間の初日から2年を経過する日の属する課税期間の初日以降でなければ、その適用をやめる届出（課税事業者選択不適用届出書）を提出することができませんので、十分に検討してから提出することが必要です。

◎消費税の基準期間と課税期間

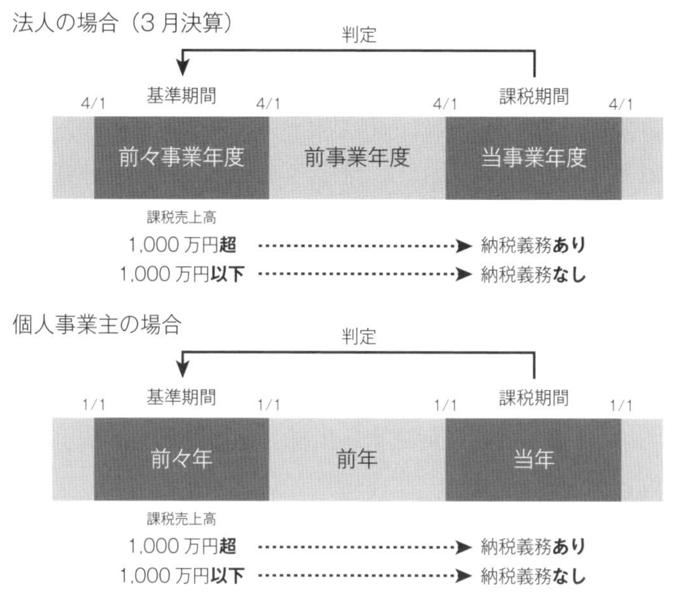

1-5 消費税の申告方法、申告時期、計算方法とは？

確定申告書を作成して、指定の時期に税務署に提出します。

消費税の課税事業者の場合は確定申告書を作成し、個人事業主は適用される年の翌年３月31日、法人は原則、事業年度終了の日（決算期末）の翌日から２か月以内に納税地の所轄税務署長に提出する必要があります。消費税の計算方法は、**解説**に記載の通りです。

解説

消費税の計算方法は、「本則（原則）課税」と「簡易課税」の２つの方法があります。

①**本則課税**は、課税売上高に応じて預かった消費税額から、事業者が仕入れや経費で実際に支払った消費税額を差し引いて計算します。

②**簡易課税**は、課税売上高に係る消費税額から差し引く仕入税額の計算において、実際に支払った消費税額ではなく、売上に係る消費税額に大きく６種類に分けられた業種ごとに定められた「みなし仕入率」を掛け合わせて算出します。

簡易課税を利用するには、基準期間の課税売上高が5,000万円以下であり、「簡易課税制度選択届出書」を適用を受けようとする課税期間開始の日の前日までに税務署に提出する必要があります。また簡易課税を選択すると２年間は変更できませんので注意が必要です。

①本則（原則）課税方式

本則（原則）課税方式では、以下の計算式で消費税の納税額を求めます。

②簡易課税方式

簡易課税方式を選択した場合、消費税納税額は次のように求められます。

事業区分	該当する事業	みなし仕入率
第一種事業	卸売業、事業者に対する業務用小売	90%
第二種事業	小売業、農・林・漁業のうち飲食物の譲渡に係る事業	80%
第三種事業	農業、林業、漁業、鉱業、建設業、製造業、電気業、ガス業、熱供給及び水道業	70%
第四種事業	飲食店業等、他の区分に分類されない事業	60%
第五種事業	運輸通信業、金融・保険業、サービス業（飲食店業を除く）	50%
第六種事業	不動産業	40%

インボイスには何を記載すればいいのか？

インボイスに記載しなければならない事項は、次の①～⑥です。

①適格請求書発行事業者の氏名又は名称（事業者名）及び登録番号
②取引年月日
③取引内容（飲食料品等の場合には軽減税率の対象品目である旨）
④税率ごとに区分して合計した対価の額（税抜又は税込）及び適用税率
⑤税率ごとに区分した消費税額等
⑥書類の交付を受ける事業者の氏名又は名称

解説

インボイス制度の開始に伴い、下線を引いた項目を新たに記載しなければならない事項として追加しなければなりません。

新たに追加すべき1つ目の事項は、適格請求書発行事業者として登録を受けた際に付与される**①登録番号**です。インボイス制度においては、インボイスを発行することができるのは適格請求書発行事業者に限られますので、登録番号を記載する必要があります。

追加すべき事項の2つ目は、**④適用される税率**及び**⑤税率ごとに区分**

した消費税額等です。インボイス制度は、標準税率（10%）と軽減税率（8%）という複数の税率が導入されている状況において、消費税の納税額を正しく計算するために導入される制度です。したがって、売り手が買い手に対して正確な適用税率や消費税額等を伝えるため、インボイスにはこれらの事項を記載することが求められるのです。

なお、インボイスはこれらの記載項目が記載されていれば、請求書のほか、納品書や領収書など書類の**名称を問わず**、インボイスとして使用することができます。

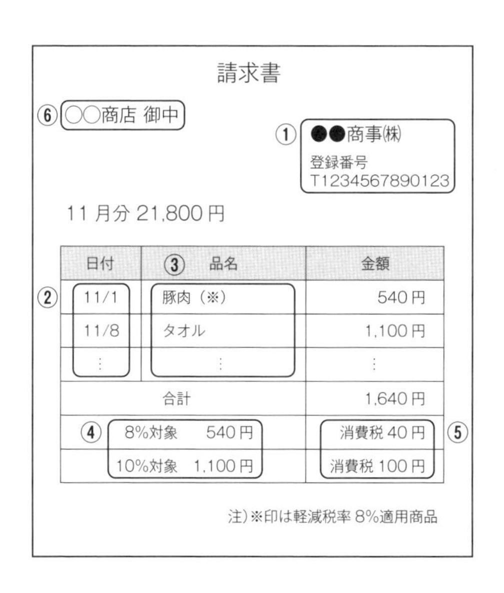

適格請求書の記載事項	
①	適格請求書発行事業者の氏名又は名称及び**登録番号**
②	取引年月日
③	取引内容（軽減税率の対象品目である旨）
④	税率ごとに区分して合計した対価の額（税抜又は税込）及び**適用税率**
⑤	**税率ごとに区分した消費税額等**
⑥	書類の交付を受ける事業者の氏名又は名称

Q 1-7 インボイスの記載にあたっての注意点とは？

追記は一切認められません。

インボイスの記載事項の追加事項は前項の通りですが、注意しなければならないのは、追記が認められないことです。

解説

現行制度においては、**軽減税率の対象品目であること及び税率ごとに区分して合計した税込対価の額に限り、記載事項に不足等があった場合に**、請求書を受け取った側でこれらの事項を自ら追記することが認められていましたが、インボイス制度においてはこのような追記は認められません。

記載事項の不足や誤りがあった場合には、修正したインボイス（又は修正した箇所のみを明示した書類でもよい）を再度交付する必要があります。エクセル等で作成している請求書や手書きの領収書をインボイスとして使用する場合には、記載事項の不足や誤りがないか、特に注意する必要があります。

このようにインボイスに必要な記載事項が満たされていなければ、取引先にも迷惑をかけることになります。インボイス制度の開始に向けて、優先的に請求書等への記載事項の追加を検討しましょう。

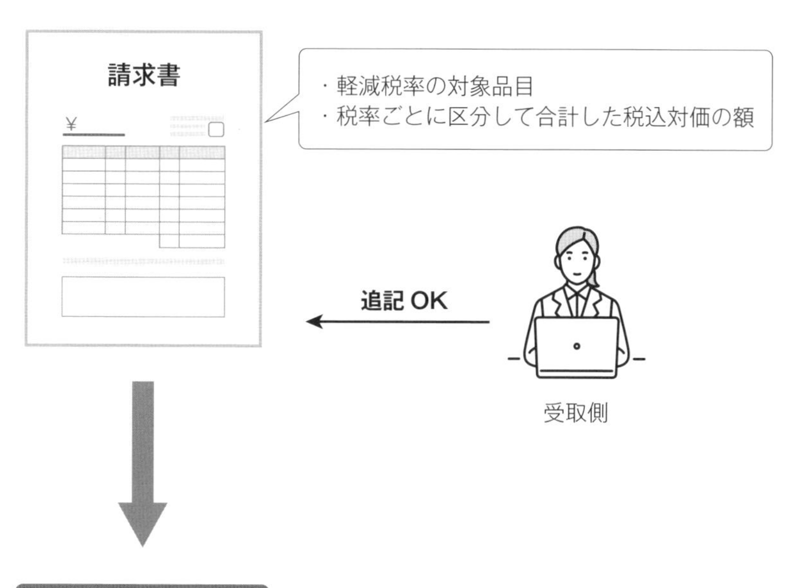
現行
請求書
・軽減税率の対象品目
・税率ごとに区分して合計した税込対価の額
追記 OK
受取側

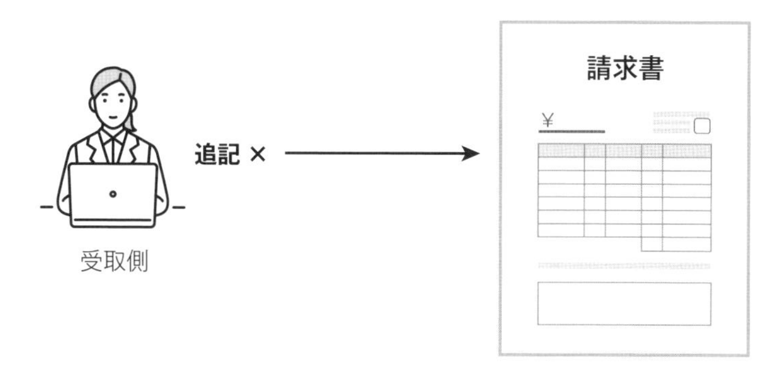
インボイス制度実施後
受取側
追記 ×
請求書
修正後の請求書の
再交付が必要！

Q 1-8 インボイス制度が導入された理由とは？

複数税率への対応と益税の解消のためです。

インボイス制度導入の背景には大きく分けると、次の２つがあります。

①複数税率への対応

②免税事業者の益税となっている現状の解消

解説

①複数税率への対応

令和元年10月から軽減税率が導入されたことにより、納付する消費税額を計算するために軽減税率と標準税率という複数の税率を用いて行わなければならなくなりました。

その結果、**8%の軽減税率と10%の標準税率が混在**するようになり、取引の合計金額だけでは、適用される税率や消費税額等を正確に把握することが困難となりました。そのため、インボイスの記載事項として適用税率や消費税額等を求めることにより、この複雑さを緩和し、適用税率や消費税額等を明確化しようというのが１つ目の目的です。

②免税事業者の益税となっている現状の解消

課税事業者は、買い手から受け取った消費税の納税義務がありますが、**現行の法制度では免税事業者には消費税を納める義務がない**ため、免税事業者である売り手が買い手から受け取った消費税が実質的に利益（いわゆる益税）となっています。こうした益税の問題を解消するために、インボイス制度では、消費税の申告及び納税義務のある課税事業者しかインボイスを発行することができないというルールを採用しています。消費税の申告及び納税が免除されている小規模な事業者（免税事業者）は適格請求書発行事業者の登録をすることができない、すなわちインボイスを発行することができません。これにより、免税事業者から行った仕入れについては、買い手において仕入税額控除の適用が受けられません。その結果、免税事業者側では、消費税相当額を値引きするなどの対応を買い手から求められることとなります。

これにより従来から指摘されてきた免税事業者の益税問題を解消しようというのが２つ目の目的とされています。

◎益税問題

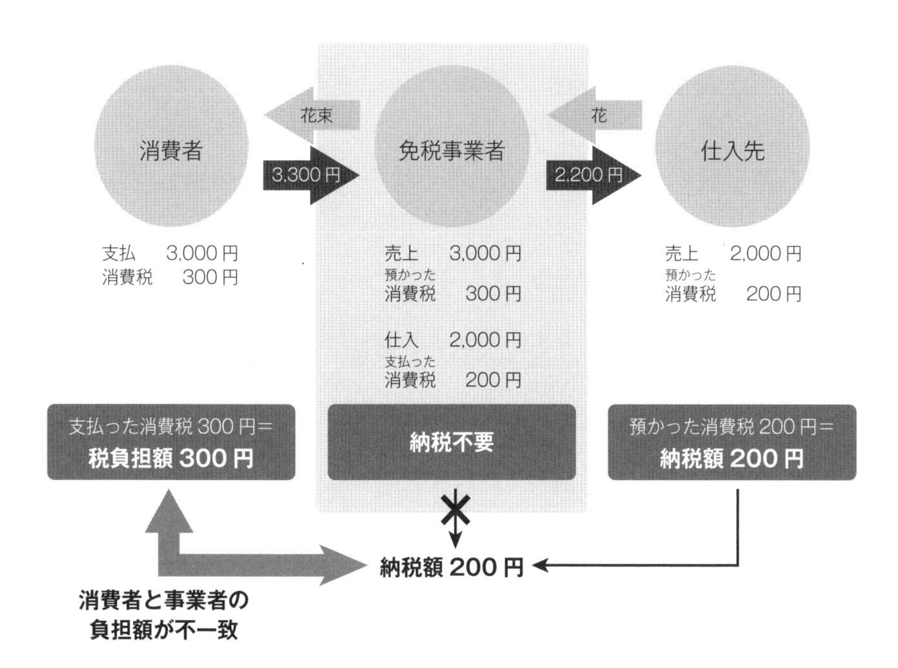

令和5年度税制改正で行われた見直しとは？

税額控除や事務負担の軽減措置が講じられました。

令和５年10月１日から開始されるインボイス制度について、令和５年度税制改正大綱では、次の４つの見直しが行われました。

①適格請求書発行事業者となる小規模事業者に係る税額控除に関する経過措置

②中小事業者等に対する事務負担の軽減措置

③少額な適格返還請求書（以下、「返還インボイス」という）の交付義務の見直し

④適格請求書等保存方式に係る登録手続の見直し

解説

①適格請求書発行事業者となる小規模事業者に係る税額控除に関する経過措置について

免税事業者が課税事業者を選択した場合の経済的な負担軽減を図るため、**納税額を売上税額の２割に軽減**する激変緩和措置が**３年間**講じられます。

②中小事業者等に対する事務負担の軽減措置について

インボイス制度における仕入税額控除の適用にあたっては、金額の多寡にかかわらず、原則として取引の相手方からインボイスを受領・保存する必要があり、事務負担の増加が懸念されていました。

そこで基準期間における**課税売上高が１億円以下**である事業者については、インボイス制度の施行から**６年間**、１万円未満の課税仕入れについては、インボイスの保存がなくとも帳簿の保存のみで仕入税額控除が可能となります。

③少額な返還インボイスの交付義務の見直しについて

インボイス制度において交付されたインボイスにつき、値引き等が行われた場合、返還インボイスを別途交付しなければなりませんでしたが、事業者の実務に配慮して事務負担を軽減する観点から、**１万円未満（税込）の少額な値引き等について返還インボイスの交付が不要**となります。

④適格請求書等保存方式に係る登録手続の見直し

事業者のインボイス制度への準備状況にバラつきがあることなどを踏まえ、登録申請手続の柔軟化が図られました。

具体的には、インボイス制度が開始される令和５年10月１日から登録を受けるためには、原則として令和５年３月末までに申請書を提出しなければならないはずでしたが、実質的に**令和５年９月30日まで申請を可能**とする取り扱いが示されました。このほかにも、免税事業者が適格請求書発行事業者に登録するための手続きにおいても、見直しが図られました（Q1－12参照）。

○　免税事業者が**インボイス発行事業者を選択した場合**の負担軽減を図るため、**納税額を売上税額の２割に軽減**する**激変緩和措置**を**３年間**講ずることとする。

○　これにより、業種にかかわらず、売上・収入を把握するだけで消費税の申告が可能となることから、簡易課税に比しても、**事務負担も大幅に軽減**されることとなる。

※　免税事業者がインボイス発行事業者となったこと等により事業者免税点制度の適用を受けられないこととなる者を対象とし、インボイス制度の開始から令和８年９月３０日の属する課税期間まで適用できることとする。

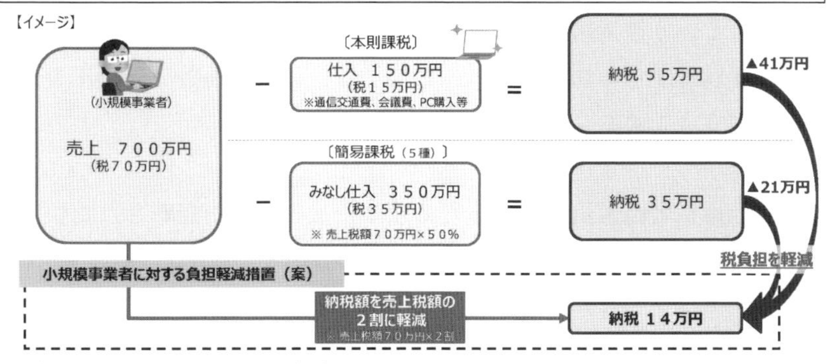

※　負担軽減措置の適用に当たっては、事前の届出を求めず、申告時に選択適用できることとする。

出典：国税庁ウェブサイトより作成

Q 1-10 インボイス制度の経過措置とは？

適格請求書発行事業者以外の者からの課税仕入れについても、一定割合で仕入税額控除の適用が受けられます。

インボイス制度の施行後、適格請求書発行事業者以外からの課税仕入れについては仕入税額控除の適用が受けられませんが、インボイス制度の施行後６年間は図に記載の通り、一定割合の仕入税額控除が適用される経過措置が設けられています。

解説

インボイス制度施行の**令和5年10月1日から令和8年9月30日**までの3年間は、適格請求書発行事業者以外からの課税仕入れにつき**80%**の仕入税額控除が適用されます。

令和8年10月1日から令和11年9月30日までの3年間は、適格請求書発行事業者以外からの課税仕入れにつき**50%**の仕入税額控除が適用されるという経過措置が設けられています。その後は、適格請求書発行事業者以外からの課税仕入れについては、仕入税額控除の適用を受けることはできません。

上記経過措置の適用を受けるためには、次の事項が記載された帳簿及び請求書等の保存が必要となりますので注意しましょう。

【帳簿の場合】

現在の区分適格請求書保存方式の記載事項に加え、経過措置の適用を受ける仕入れであることの記載が必要です。

具体的には、次の事項となります。

①課税仕入れの相手方の氏名又は名称

②課税仕入れを行った年月日

③課税仕入れに係る資産又は役務の内容及び経過措置の適用を受ける課税仕入れである旨

④課税仕入れに係る支払対価の額

【請求書等の場合】

区分記載請求書等と同様の記載事項が必要となります。

①書類の作成者の氏名又は名称

②課税資産の譲渡等を行った年月日

③課税資産の譲渡等に係る資産又は役務の内容

④税率ごとに合計した課税資産の譲渡等の税込価額

⑤書類の交付を受ける当該事業者の氏名又は名称

◎インボイスに対応しない取引先には経過措置を活用

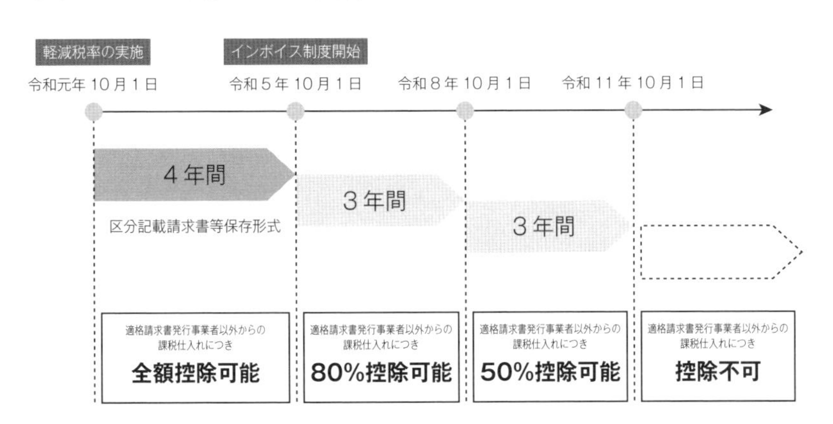

出典：日本税理士会連合会ウェブサイトをもとに作成

Q 1-11 適格請求書発行事業者と免税事業者の違いとは？

A インボイスを発行できるか否かです。

適格請求書発行事業者はインボイスを発行できますが、免税事業者はインボイスを発行することができません。

解説

令和5年10月1日から施行されるインボイス制度では、インボイスの受領及び保存を行うことにより、消費税の仕入税額控除が適用となるため、多くの事業者が適格請求書発行事業者への登録を行っています。一方で、インボイスの記載要件の1つである**登録番号の記載ができるのは、申請を行い、登録を受けた適格請求書発行事業者のみ**であり、免税事業者は登録番号の記載ができない、すなわちインボイスを発行することができません。しかし、免税事業者であっても課税事業者となり、適格請求書発行事業者への登録は可能ですが、消費税の申告及び納税の義務が生じますので、注意が必要です。

また、登録方法について、令和5年度税制改正で以下のような見直しが行われました。

①免税事業者が課税期間の初日から適格請求書発行事業者の登録を受けようとする場合の申請書の提出期限が課税期間の初日から起算して15日前の日に改正されます。(現行の提出期限1か月前)

なお、登録を取り消す場合の届出書の提出期限についても課税期間の初日から起算して15日前の日に改正されます。

②免税事業者が経過措置により課税期間の途中から適格請求書発行事業者の登録を受けようとする場合の申請書の提出期限が登録希望日の15日前の日に改正されます。

③インボイス制度が開始される令和5年10月1日から登録を受けるためには、原則として令和5年3月末までに申請書を提出しなければならないが、実質的に令和5年9月30日まで申請を可能とする取り扱いが示されました。

適格請求書等保存方式に係る登録手続の見直し（案）

【見直し案】

○免税事業者が適格請求書発行事業者の登録を申請する場合において、課税期間の初日から登録を受ける場合、当該課税期間の初日から起算して15日前の日まで（現行1ヶ月前まで）に申請書を提出しなければならないこととする。

※登録を取消す場合の届出書の提出期限についても、同様の見直しを行う。

○令和5年10月1日から令和11年9月30日の属する課税期間において、令和5年10月1日後に登録を受けようとする免税事業者は、申請書に登録希望日（提出日から15日以後の日）を記載するものとする。

○また、実際に登録が完了した日が、課税期間の初日後又は登録希望日後であっても、課税期間の初日又は登録希望日に登録を受けたものとみなすこととする。

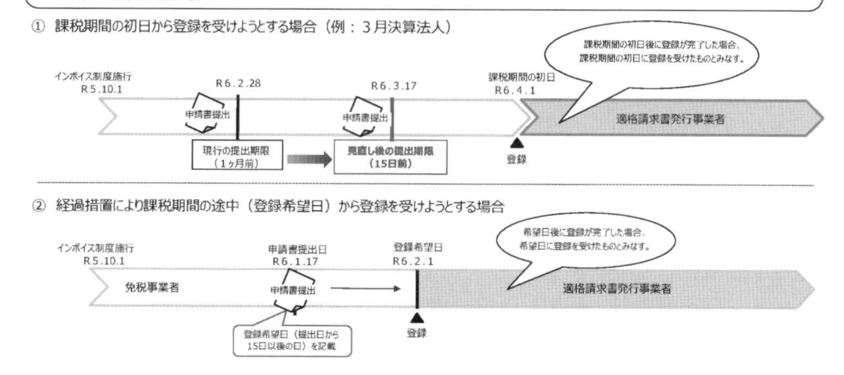

出典：国税庁ウェブサイト

1-12 インボイス制度開始後、適格請求書発行事業者になるためには？

インボイス制度開始後、インボイスを発行できるのは適格請求書発行事業者登録を行った課税事業者のみになります。

インボイス制度開始後、免税事業者のままでいた場合はインボイスを発行することができません。免税事業者がインボイスを発行するためには、まず課税事業者となり、その後、適格請求書発行事業者の登録申請を行う必要があります。

免税事業者が令和5年10月1日から令和11年9月30日までの日の属する課税期間中に適格請求書発行事業者登録を受ける場合は、「消費税課税事業者選択届出書」の提出が免除され、登録日以降は自動的に課税事業者となります。

解説

通常、免税事業者が適格請求書発行事業者となる場合には、登録を希望する日の属する課税期間が始まる前日までに「**消費税課税事業者選択届出書**」を税務署に提出し、課税事業者となる必要があります。

しかし、令和5年10月1日から令和11年9月30日までの日の属する課税期間中に適格請求書発行事業者登録を受ける場合であれば、「消費税課税事業者選択届出書」の提出が免除される経過措置が設けられており、免税事業者は「**適格請求書発行事業者の登録申請書**」を提出するだけで適格請求書発行事業者となることができます。経過措置が適用される場合、免税事業者はその登録日から課税事業者となります。経過措置期間中に課税事業者となった場合は、課税期間の途中でも、登録日以降は消費税の申告及び納付が必要です。

詳細は後述しますが（Q2－1～2－4参照）、免税事業者が課税事業者となり適格請求書発行事業者登録を行う場合・免税事業者のままでいる場合のどちらにもメリット・デメリットがあります。免税事業者が適格請求書発行事業者となるかどうかは、自社や取引先の状況も踏まえ、慎重に検討する必要があります。

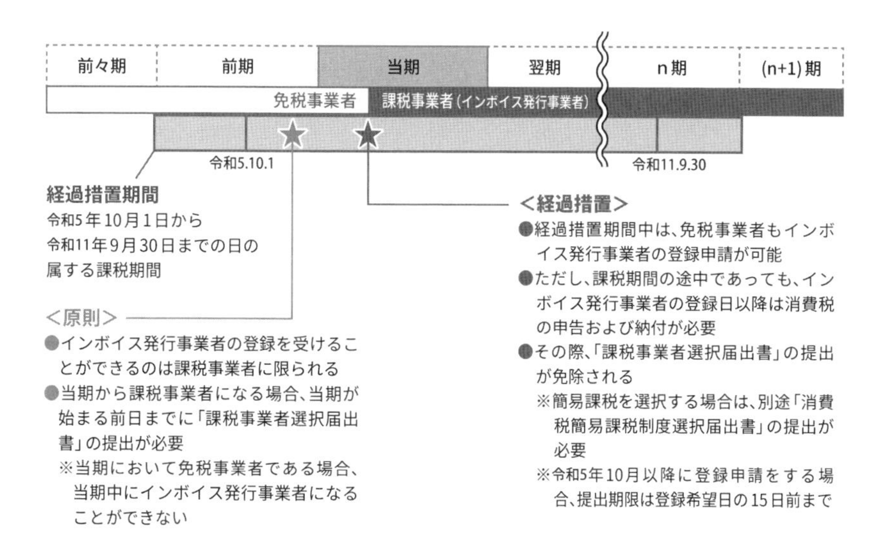

出典：日本商工会議所「中小企業・小規模事業者のためのインボイス制度　第３版」をもとに作成

Q 1-13 売り手側が請求書を発行している取引において、注意すべき点とは？

A インボイスの要件を満たした請求書の発行と、写しの保存が必要です。

インボイスの記載事項を満たした請求書を発行することです。また、発行したインボイスの写しを、原則として7年間（会社法上、法人税法上は最長10年間）保存する必要があります。

解説

請求書等をシステムで発行している場合は、**適格請求書を発行できるよう、システムの改修が必要**です。システムのバージョンアップによって、インボイス制度に対応した請求書等を発行できるようになる可能性がありますので、詳しくは各システムベンダーへお問合せください。

請求書等をExcelやWord、手書きで作成している場合には、インボイスの記載事項を満たした様式に変更するようにしましょう。

インボイスとして必要な記載事項は図をご参照ください。

インボイス制度の開始に伴い新たに記載しなければならない事項（表中の太字箇所）を追加することがポイントとなります。特に、記載事項の⑤については、**1つのインボイスにつき税率の異なるごとに1回の端数処理を行う**こととされていますので、注意しましょう。

なお、**インボイスはこれらの記載事項が記載されていれば、請求書のほか、納品書や領収書など書類の名称を問わず、インボイスとして使用**

することができます。

また、複数書類による対応も可能です。例えば、請求書と納品書等、1取引に紐づく複数の書類全体でインボイスの記載事項を満たしていれば、これらの書類を合わせて1つのインボイスとすることができます。

発行したインボイスの写しは、**7年間保存**する必要があります（会社法上、法人税法上は最長10年間）。インボイスの写しとは、発行した書類そのものに限らず、その記載事項が確認できる程度のレジのジャーナル、一覧表、明細表等であっても差し支えありません。

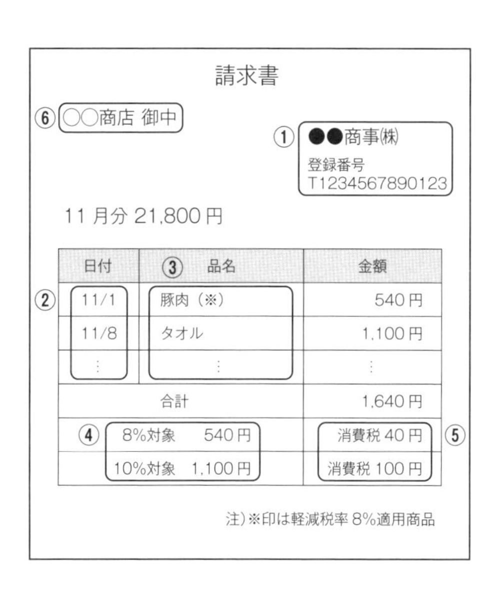

請求書

⑥ ○○商店 御中

① ●●商事㈱
登録番号
T1234567890123

11月分 21,800円

日付	③ 品名	金額
② 11/1	豚肉（※）	540円
11/8	タオル	1,100円
⋮	⋮	⋮
合計		1,640円
④ 8%対象 540円		消費税 40円 ⑤
10%対象 1,100円		消費税 100円

注）※印は軽減税率8%適用商品

適格請求書の記載事項	
①	適格請求書発行事業者の氏名又は名称及び**登録番号**
②	取引年月日
③	取引内容（軽減税率の対象品目である旨）
④	税率ごとに区分して合計した対価の額（税抜又は税込）及び**適用税率**
⑤	**税率ごとに区分した消費税額等**
⑥	書類の交付を受ける事業者の氏名又は名称

1-14 家賃や定額報酬等の請求書を発行しない取引について、売り手側の対応は？

これまで請求書を発行していなかった取引についても、原則、インボイスの保存が必要です。

インボイス制度が始まると、請求書等が発行されない取引についても、原則として、インボイスの保存が必要となります。

例えば、既存の契約書においては、インボイスに必要な記載事項のうち、適格請求書発行事業者の登録番号（①）や適用税率（②）、税率ごとに区分した消費税額等（③）、そして、取引年月日（④）の項目が不足していることが考えられます。取引先に対して不足している項目を補完するための通知を行うといった対応をとるなど、取引先において、仕入税額控除の適用を受けられるようにする必要があります。

解説

インボイスに必要な記載事項は、必ずしも1つの書類に記載されている必要はありません。契約書に加え、①〜③（適格請求書発行事業者の登録番号、適用税率、税率ごとに区分した消費税額等）を記載した通知書や確認書を交付し、さらに、④（取引年月日）を記載した書類として通帳のコピーや振込明細書（課税資産の譲渡等が行われた年月日の事実を示すもの）を保存することでインボイスの記載要件を満たすことができます。また、今後新たに契約を締結する場合には、①〜③を追記した契約書と④として通帳のコピー等（課税資産の譲渡等が行われた年月日の事実を示すもの）を保存することでインボイスの記載要件を満たすことが可能となります。

取引先において、仕入税額控除の適用を受けることができるよう、漏れなく対応しましょう。

◎事務所家賃の対応例

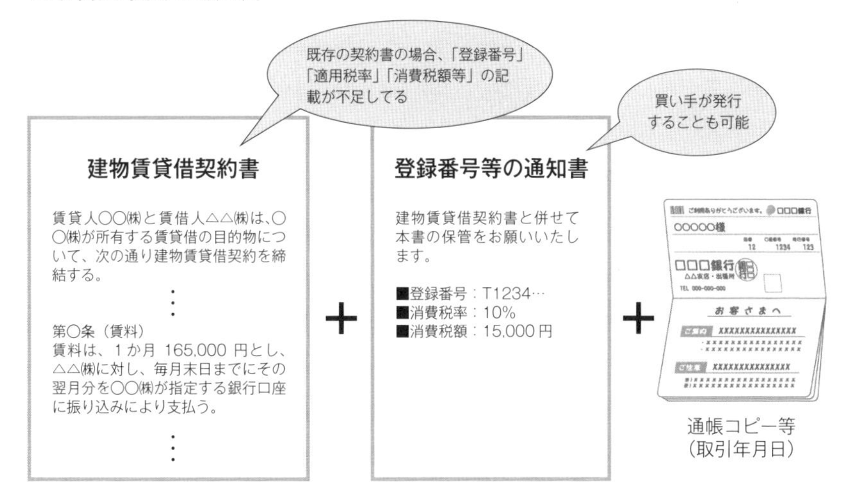

1-15 立替請求をしている取引では、どんな対応が必要か？

インボイスのコピーと立替金精算書を交付します。

自社が立替請求を行う場合、請求元から受け取ったインボイスのコピーと、自社で作成した立替金精算書を請求先に交付する必要があります。

解説

自社が立替請求を行う場合は、原則として、請求元（A社）から受け取ったインボイスをコピーしたものと、立替金精算書を請求先（B社）に交付することによって、請求先（B社）が仕入税額控除の適用を受けることができます。

ただし、立替払の内容が、請求書等を受け取ることが困難であるなどの理由により、一定の事項を記載した帳簿のみの保存で仕入税額控除の適用を受けることが認められる課税仕入れ（「インボイスの交付義務が免除される取引一覧」の表参照）に該当する場合には、請求先（B社）において一定の事項を記載した帳簿の保存のみで仕入税額控除の適用を受けることができます。

また、請求先が多数のため、請求元（A社）から受け取ったインボイスのコピーを交付することが困難なときは、請求元（A社）から受け取ったインボイスは保存し、立替金精算書を請求先に交付することによって、請求先は仕入税額控除の適用を受けることができます。この場合、請求先は、立替金精算書の保存をもってインボイスの保存があるものとして取り扱われるため、その立替金が仕入税額控除可能なものか（すなわち、適格請求書発行事業者からの仕入れか、適格請求書発行事業者以外の者からの仕入れか）を明らかにし、請求先が仕入税額控除を受けるにあたっての必要な事項を立替金精算書に記載しなければなりません。

なお、立替払を行う自社が適格請求書発行事業者ではない場合であっても、請求元（A社）が適格請求書発行事業者であれば、仕入税額控除の適用を受けることができます。

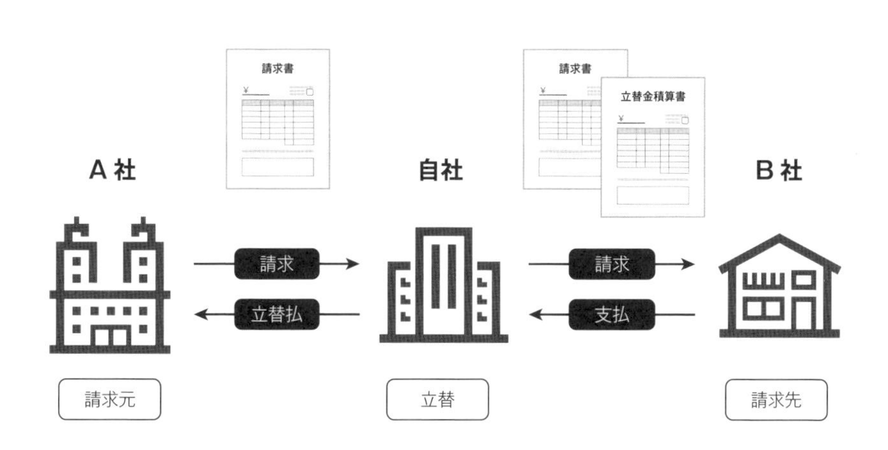

○インボイスの交付義務が免除される取引一覧（イメージ）

①	３万円未満の公共交通機関による旅客の運送
②	３万円未満の自動販売機による販売
③	郵便切手を対価とする郵便サービス
④	入場券等が回収されるもの
⑤	古物商や質屋等が適格請求書発行事業者以外の者から仕入れる古物、質物等
⑥	宅地建物取引業を営む者が適格請求書発行事業者以外の者から仕入れる販売用の建物
⑦	適格請求書発行事業者以外の者から仕入れる再生資源又は再生部品
⑧	従業員等に支給する出張旅費等

Q 1-16 売上値引をしている取引では、どんな対応が必要か？

A 原則、返還インボイスの発行が必要です。

原則として、適格返還請求書（返還インボイス）の発行が必要です。ただし、令和５年度税制改正により、少額（1万円未満）の返還インボイスの発行は不要となりました。

解 説

インボイス制度が導入されると、値引きや返品のほか、例えば、決済の際に買い手側の都合で差し引かれた振込手数料相当額やその他の経費を、売り手が「売上値引」として処理する場合においても、返還インボイスを交付する必要が生じてしまいます。返還インボイスの記載事項は、図表の通りです。

ただし、振込手数料相当額や少額な値引き等のために返還インボイスをその都度発行するのは、実務上かなりの負担増につながるため、令和５年度税制改正により、**１万円未満の少額な値引きや返品等については、返還インボイスの交付を不要とする負担軽減措置**が講じられました。

これにより、決済の際に買い手側の都合で差し引かれた振込手数料相当額について、会計上は支払手数料で処理し、消費税法上は売上値引として処理する場合には、少額（1万円未満）の返還インボイスの発行は不要となります。

ただし、会計上も消費税法上も支払手数料として処理をしている場合、少額（1万円未満）の返還インボイスの発行不要には該当しないため注意が必要です。

　また、買い手が返還インボイスの必要事項を記載した「仕入明細書」を作成し、売り手の確認を受けた場合には、返還インボイスは不要となります。

◎返還インボイスの記載事項（例）

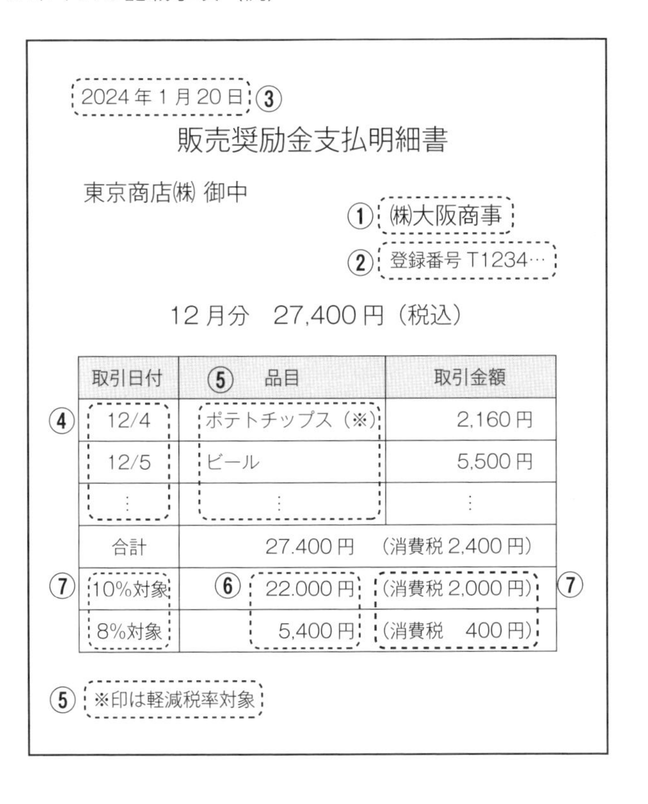

①	発行者の氏名又は名称
②	登録番号
③	返還等を行う年月日
④	返還等の基になった取引を行った年月日
⑤	返還等の基になる取引の内容（軽減税率の対象品目である旨）
⑥	返還等の税抜金額又は税込金額を税率ごとに区分して合計した対価の額
⑦	返還等の金額に係る消費税額等又は適用税率

1-17 課税事業者との取引における注意点とは？

インボイスの記載事項を確認し、適切に保存する必要があります。

インボイス制度開始後の取引においては、取引先から受け取るインボイスの記載事項が正しいものであるかを都度確認する必要があります。
また、受け取ったインボイスは適切な方法で保存しなければなりません。

解説

インボイス制度がはじまると、インボイスを受領し、保存することが仕入税額控除の適用を受けるための要件として求められます。

したがって、請求書等を受領したら、それらがインボイスの要件を満たしているか確認する必要があります。すなわち、請求書等を発行した者が適格請求書発行事業者か否か、受領した請求書等がインボイスとしての記載事項を満たしているかといった確認作業が生じます。これらの確認作業をすべての取引先に対して実施するのは非常に時間と労力がかかると考えられるため、**取引先の規模や、定期的に反復して取引を行っているかといった取引の状況に応じて、確認作業の実施頻度に差をつけるなど**の工夫をし、確認作業に要する手間を省力化する必要があります。

例えば、上場企業等規模の大きい取引先と定期的に反復して取引を行っている場合には、必ずしも取引の都度、登録番号等の確認作業を実施する必要はなく、決算時期に確認を行うなど一定の期間で確認作業を実施すれば十分と思われます。一方、同じく定期的に反復して取引を行う場合であっても、免税事業者の可能性もある個人事業主と取引を行う場合には、登録番号等の確認作業の実施頻度を高めた方が安全でしょう。なぜなら、適格請求書発行事業者の登録申請又は取消しは、個人であれば年の途中、法人であれば期の途中でも可能であるためです。なお、この確認作業をより効率化する方法として、AI-OCR と呼ばれる自動読み取り機能や、読み取った適格請求書発行事業者の登録番号を国税庁の公表サイトと自動で照合してくれる機能、あるいは、インボイスとして求められる記載項目が記載されているかをチェックしてくれるといった機能を持つシステムの導入も考えられます。

また、確認作業及び支払等の処理が完了した**インボイスは、消費税法で定められている要件に従って保存されていなければなりません。**

◎インボイス制度開始後の注意点

経常的な取引先

小規模（免税事業者）

事前確認の優先度が最も高い取引先。年や期の途中でも、登録／取消が可能なため、確認作業の実施頻度も高める必要あり。

事前確認を実施することにより、必ずしも取引の都度確認する必要はない。決算時期など一定の期間で見直しを実施。

大規模

取引の都度、確認作業を行う必要がある。事前確認の実施が可能であれば、優先度を高めて実施。

事前確認を実施することにより、必ずしも取引の都度確認する必要はない。事前確認ができない場合は、取引の際、確認を行う。

経常的でない取引先

Q 1-18 インボイス制度開始後、免税事業者との取引における注意点とは？

取引条件の見直しや取引停止は、法令違反になる可能性があります。

免税事業者との取引における注意点として、取引相手が適格請求書発行事業者登録を行う見込みがなく、その取引についての仕入税額控除が受けられないことを理由に、取引条件の見直しや取引の打ち切りを行うと、その方法や内容によっては独占禁止法や下請法等により問題となる可能性があります。

また、インボイス制度による激変緩和のために、令和 11 年 9 月 30 日までは免税事業者からの仕入れであっても仕入税額相当額の一定割合を控除可能となる経過措置が設けられています。

解説

事業者がどのような条件で取引するかについては、基本的に当事者間の自主的な判断に委ねられるものですが、小規模事業者は、売上先の事業者に対し取引条件が一方的に不利になりやすい場合も想定されます。このような状況の下で**取引条件を見直す場合、その設定方法や内容によっては、独占禁止法や下請法等により問題となる可能性があります**。

例えば、一方の当事者が取引の相手方に対し、その優越している地位を利用して正常な商慣習上不当と思われる不利益を与えることは、優越的地位の濫用として独占禁止法上問題となるおそれがあります。

免税事業者との取引について、インボイス制度の実施を契機として取引条件を見直すこと自体が直ちに問題となるものではありませんが、免税事業者から仕入れを行う場合は、仕入れ先とよく相談し、**設定する取引条件について互いに了承を得ておく必要がある**と考えられます。

なお、上記のような取引への影響に配慮して経過措置が設けられており、免税事業者からの仕入れについても、制度実施後3年間（**令和8年9月末日まで**）**は消費税相当額の80％**、その後の3年間（**令和11年9月末日まで**）**は消費税相当額の50％**について仕入税額控除が可能とされています（Q1－10参照）。

また簡易課税制度を適用している事業者の場合は、インボイスを保存しなくても仕入税額控除を行うことができますので、免税事業者との関係で留意する必要はありません。

◎インボイスに対応しない取引先には経過措置を活用

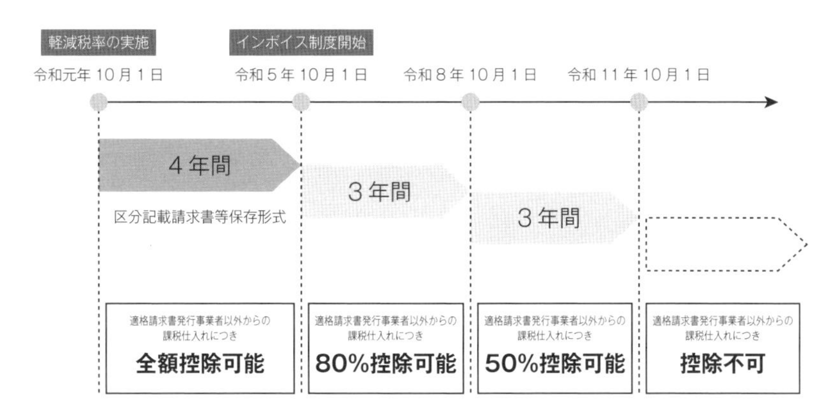

出典：日本税理士会連合会ウェブサイトをもとに作成

Q 1-19 インボイス制度における経費精算の注意点とは？

A 免税事業者に対する支払の場合は、仕入税額控除が受けられなくなります。

社員に支給する国内の出張旅費、宿泊費、日当等及び通勤手当については、通常必要であると認められる部分の金額については、一定の事項を記載した帳簿のみの保存で仕入税額控除が認められるとされています。また、３万円未満の公共交通機関による旅客の運送に該当する場合等にも同様の特例があります。

上記のようなインボイス制度の特例に該当しない場合は、経費精算時の領収書等についてもインボイスの記載事項を満たしていることや適切に保存されることが求められます。同じ料金であっても、免税事業者に対する支払である場合は仕入税額控除が受けられなくなるため注意が必要です。

解説

インボイス制度の特例として、「**インボイスの交付義務が免除されている取引**」及び「**帳簿のみの保存で仕入税額控除が可能な取引**」（Q１－15、Q２－12参照）があり、図のような取引に該当する場合はインボイスを保存していなくても仕入税額控除が受けられます。

「帳簿のみの保存で仕入税額控除が可能な取引」に関しては、帳簿に一定の記載事項が必要となります。

３万円未満の公共交通機関による旅客の運送に該当する場合（以下、

「公共交通機関特例」という）は特例の対象となり、インボイスの保存がなくても仕入税額控除を受けることができます。ただし公共交通機関特例の対象は船舶、バス又は鉄道とされており、航空機、タクシーは対象外であることに注意が必要です。

特例に該当しない場合は、経費精算時に用いる領収書等についても、インボイスの記載事項や書類の適切な保存が求められています。免税事業者に対する支払に係る領収書や、インボイスの記載事項を満たしていない領収書の保存では、仕入税額控除を受けることができません。例えば従業員がタクシーを利用する場合において、免税事業者である個人タクシーを利用する場合と、インボイスとしての記載事項を満たしている領収書の交付があった場合とでは、控除できる消費税の額が変わってしまいます。従業員の経費精算が頻繁に行われる事業者のような場合には、インボイス制度開始前の全社的な周知が必要と考えられます。

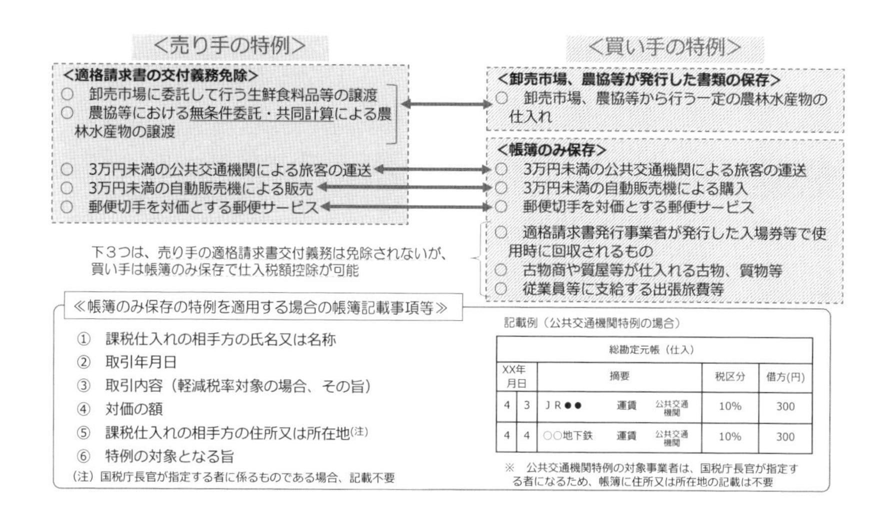

総勘定元帳（仕入）					
XX年 月日		摘要		税区分	借方(円)
4	3	ＪＲ●●	運賃　公共交通機関	10%	300
4	4	○○地下鉄	運賃　公共交通機関	10%	300

出典：「インボイス説明資料」（令和４年５月）財務省主税局税制第二課

Q 1-20 事務所家賃の支払等、請求書を受け取っていない取引の注意点とは？

A インボイスがなければ、仕入税額控除を受けられません。

インボイスを受け取っていなければ、取引相手が適格請求書発行事業者であっても仕入税額控除を受けることができません。
ただし、インボイスの記載事項については請求書単体で満たす必要はなく、契約書と実際に取引を行った事実を客観的に示す書類の組み合わせ等を用いて仕入税額控除を受けることが可能です。

解説

事務所家賃の支払や専門家への報酬等、契約書に基づき決済が行われ、**取引の都度請求書や領収書が交付されない取引についても、仕入税額控除を受けるためにはインボイスの保存が必要**になります。ただし、インボイスとして必要な記載事項は、請求書単体というように一の書類だけですべてを満たす必要はありません。

例えば、契約書にインボイスとして必要な記載事項の一部が記載されており、実際に取引を行った事実を客観的に示す書類（通帳や、銀行が発行した振込金受取書）とともに保存しておけば、仕入税額控除の要件を満たすことができます。

また、インボイス制度開始前に作成した契約書の場合には、必ずしも新たに契約書を作成する必要はなく、登録番号等のインボイス記載事項として不足している事項について、取引先から通知（メールなど電子的方法による通知でも可）を受け取り対応することも可能です。

買い手が仕入明細書を作成し、支払通知書等とともに売り手に発行している場合、インボイス制度開始後においても、買い手が作成する一定の事項が記載された仕入明細書等を保存することにより仕入税額控除を行うことができます。その際、仕入明細書等に記載する登録番号は、課税仕入れの相手方（売り手）のものとなる点や、課税仕入れの相手方（売り手）の確認を受けたものに限られる点に留意が必要です。

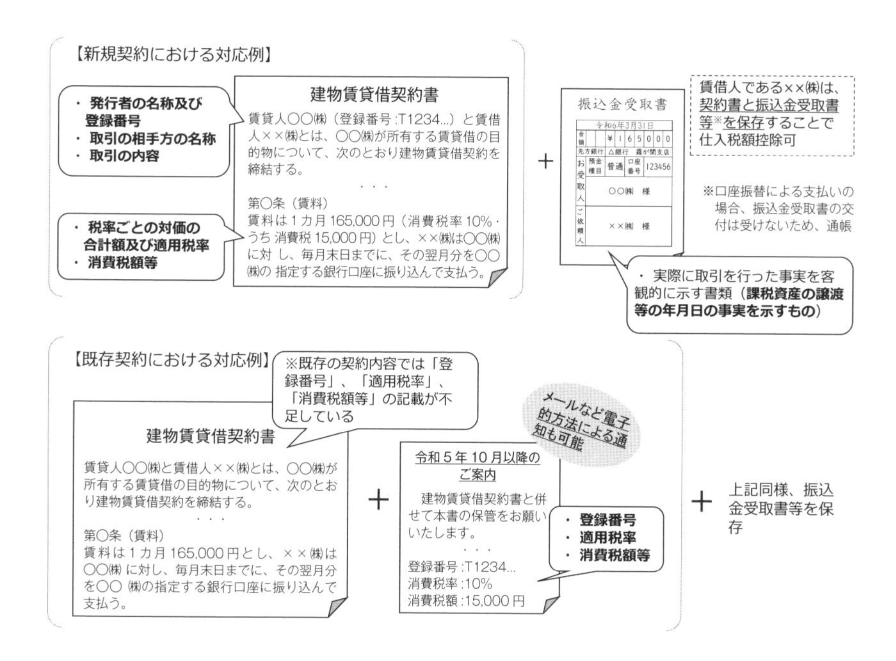

出典：「インボイス制度―オンライン説明会」資料（国税庁 軽減税率・インボイス制度対応室）をもとに作成

Q 1-21 下請建設業者が取引先にいる場合の注意点とは？

A 適格請求書発行事業者である下請業者が取引先にいる場合、仕入税額控除のための手続きが必要になります。

下請建設業者が適格請求書発行事業者であっても、取引の慣習等の理由で請求書を受け取っていない場合、インボイス制度開始後に仕入税額控除を受けるためには対応が必要となります。下請業者が行った工事の出来高について検収を行い、検収の内容及び出来高に応じた金額を記載した書類（以下、「出来高検収書」という）を作成し、それに基づき請負金額を支払っている取引の場合は、下請業者にインボイスの記載事項の確認を受けた上で出来高検収書を保存することにより、仕入税額控除の適用を受けることが可能です。

また、下請業者が免税事業者である場合、インボイス制度開始後は消費税の納税額が変わってしまいます。取引に係る仕入税額控除が受けられないことを理由に取引条件の見直しを行う場合は、その手段によっては独占禁止法や下請法、建設業法上問題となる可能性があります。

解説

インボイス制度開始後は、取引の相手方である下請業者が適格請求書発行事業者である場合、**元請業者が作成している出来高検収書をインボイス制度における仕入明細書等の記載事項を満たすものとして下請業者**

の確認を受けることにより、その出来高検収書を保存しておくことで仕入税額控除を行うことができます。ただし、当該下請業者が適格請求書発行事業者でなくなったことにより、適格請求書の交付ができないものであることが判明した場合には、出来高検収書により仕入税額控除の対象とした消費税額を、その交付ができないことが明らかとなる取引完了日の属する課税期間における課税仕入れに係る消費税額から控除することとなります。

元請業者が出来高検収書を下請業者に交付している場合であっても、それに基づき下請業者が請求書を作成・交付し、当該請求書を仕入税額控除の適用を受けるために保存する場合には、当該請求書がインボイスの記載事項を満たす必要があります。

また、**下請業者が免税事業者である場合は、取引条件の見直しにおいてその手段によっては下請法等の問題となる可能性があります**。例えば、免税事業者であることを理由にして、消費税相当額の一部又は全部を支払わない行為は、下請法４条１項３号で禁止されている「下請代金の減額」として問題になります。免税事業者から仕入れを行う際は、認識の齟齬がないように、設定する取引価格について互いに理解しておく必要があると考えられます。

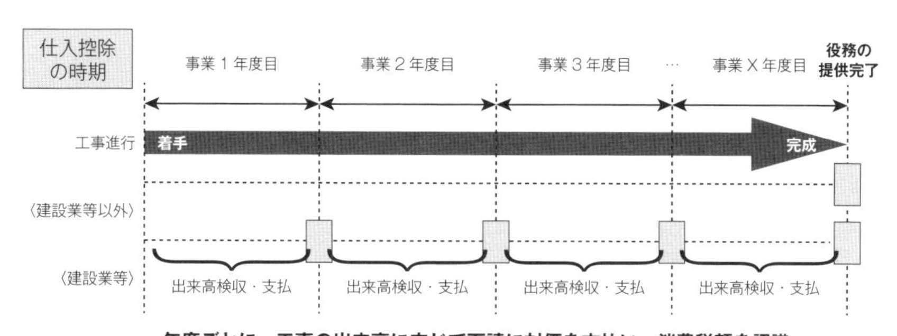

出典：「奈良県建設業協会」ウェブサイト掲載資料をもとに作成

1-22 小売業者が取引先にいる場合の注意点とは？

適格請求書発行事業者である小売業者が取引先にいる場合、仕入税額控除のための手続きが必要になります。

取引先である小売業者が適格請求書発行事業者であっても、取引の慣習等の理由で請求書を受け取っていない場合、インボイス制度開始後に仕入税額控除を受けるためには対応が必要となります。適格請求書発行事業者である小売業者との取引において、仕入明細書を作成し、保存している場合、インボイス制度において仕入明細書等による仕入税額控除を受けるためには、課税仕入れの相手方において課税資産の譲渡等に該当するものであり、さらに区分記載請求書等保存方式における仕入明細書の記載事項に加え、「課税仕入れの相手方の氏名又は名称及び登録番号」及び「税率ごとに区分した消費税額等」の事項が記載されていることが必要となります。また、仕入先の小売業者が免税事業者である場合は、消費税の納税額が変わってしまいます。取引に係る仕入税額控除が受けられないことを理由に取引条件の見直しを行う場合、その手段によっては独占禁止法や下請法等の法令上問題となる可能性があります。

解説

インボイス制度においても、仕入明細書等による仕入税額控除は可能ですが、課税仕入れの相手方において課税資産の譲渡等に該当するものであり、インボイス制度で求められるインボイスの記載事項が記載されていることが必要となります。

また、仕入税額控除の適用を受けるために交付される**仕入明細書等は、仕入先である相手方の確認を受けたものに限られます**。この相手方の確認を受ける方法としては、例えば、仕入明細書等の記載内容を、通信回線等を通じて仕入れの相手方の端末機に出力し、確認の通信を受けた上で、自己の端末機から出力する等が考えられます。国税庁により他の方法も示されていますが、仕入明細書等の記載事項が相手方に示され、その内容が確認されている実態にあることが明らかであれば、相手方の確認を受けたものとなります。

下請業者が免税事業者である場合は、取引条件の見直しにおいてその手段によっては下請法等の問題となる可能性があります（Q1－18参照）。見直しにあたっては、双方が納得する方法により取引価格が設定される必要があります。

【例】　卸売Ｂ社から小売Ａ社が商品を仕入れ（Ｂ社に売上が立つ取引）、Ａ社が配送を担う場合（Ａ社に売上が立つ取引）について、まとめて１枚の支払通知書をＡ社から交付するケース

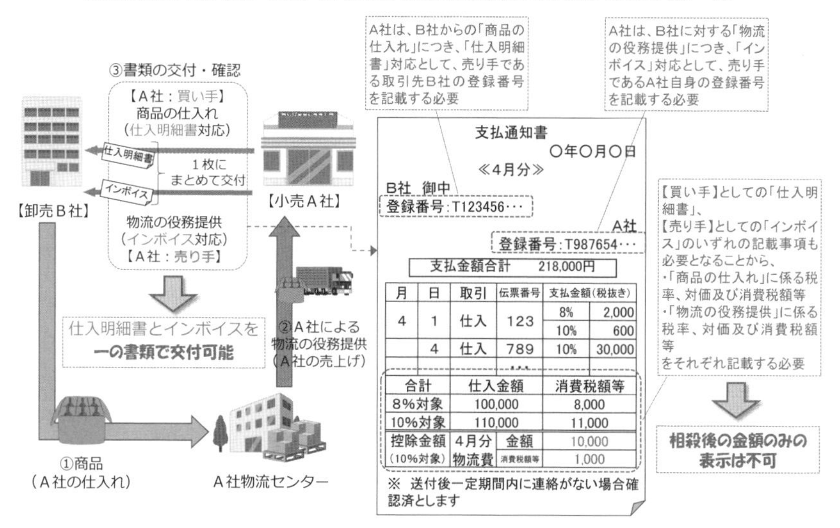

出典：「インボイス制度―オンライン説明会」資料（国税庁 軽減税率・インボイス制度対応室）をもとに作成

Q 1-23 適格請求書発行事業者の登録は、インボイス制度が始まってからもできるか？

A 適格請求書発行事業者の登録は、インボイス制度が始まってからでもできます。

適格請求書発行事業者の登録は、インボイス制度が始まってからでも可能です。
免税事業者が、インボイス制度が開始する日以後の日の登録を希望する場合、登録申請書に提出日から15日以後の日を「登録希望日」として記載すれば、その登録希望日から登録を受けることができることとなります。

解説

令和5年10月1日のインボイス制度の開始に合わせて登録を受けるためには、原則として、令和5年3月31日が期限とされています。

また、この期限までに登録申請書を提出できなかったことにつき困難な事情がある場合にはこの限りではありません。当該困難な事情を登録申請書に記載すれば、期限後でも申請書を受け付けるものとされています。

しかし、令和5年度の改正内容を踏まえ、期限後に提出する登録申請書に記載する困難な事情については、運用上、記載がなくとも受け付けるものとされました。**実質的に令和5年9月30日までの申請については、インボイス制度が開始する令和5年10月1日を登録開始日として登録される**ことになります。

また、免税事業者が、インボイス制度が開始する令和5年10月2日以降の日の登録を希望する場合については、登録申請書に提出日から15日以後の日を「登録希望日」として記載すれば、その登録希望日から登録を受けることが可能です。

なお、**登録通知が届くまでには一定の期間を要します**。登録日から登録の通知を受けるまでの間の取引では、請求書に登録番号の記載ができません。つまり、インボイスの発行ができないということになります。

この場合、通知を受けた後、登録番号を記載し、インボイスの記載事項を満たした請求書を改めて発行する、又は、登録番号を別途書面等で通知することで、すでに発行した請求書と合わせてインボイスの記載事項を満たす対応が必要となり、業務の負担がかなり増えてしまうことが考えられますので、早めに登録申請を行うことをおすすめします。

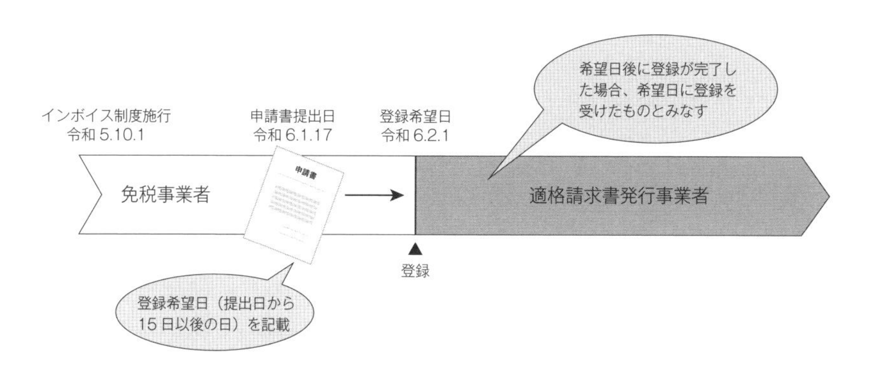

出典：「インボイス制度の負担軽減措置（案）のよくある質問とその回答」財務省（令和5年1月20日時点）問21をもとに作成

Q 1-24 インボイス制度対応としてシステムを導入する場合、補助金を利用できるか？

A IT導入補助金を利用できる可能性があります。

IT 導入補助金を利用できる可能性があります。申請の条件を確認の上、IT 導入支援事業者へ依頼しましょう。

解説

IT 導入補助金とは、中小企業・小規模事業者等の労働生産性の向上を目的として、業務効率化や DX 等に向けた IT ツール（ソフトウェア、アプリ、サービス等）の導入を支援する補助金です。経済産業省・中小企業庁の事業として行っています。

補助対象となる事業については、「通常枠（A・B 類型）」「セキュリティ対策推進枠」「デジタル化基盤導入枠（デジタル化基盤導入類型）」があります。**インボイス制度対応のために導入する IT ツールであれば、「通常枠（A・B 類型）」「デジタル化基盤導入枠（デジタル化基盤導入類型）」での申請が可能となります**。申請類型それぞれにおいて、補助対象となるツール・補助対象となる事業者が定められていますので、各公募要領をご確認ください。

IT 導入補助金の交付申請は IT 導入支援事業者と行います。IT 導入補助金支援事業者は「IT 導入補助金 2023 ホームページ」（https://www.it-hojo.jp/applicant/vendorlist.html）から確認することができます。事業者によって申請が可能な IT ツールが異なりますので、導入したいシステムが定まっている場合は、そのシステムの取り扱いがあるかどうか、IT 導入支援事業者に確認しましょう。

なお、IT 導入補助金は申請したら必ず採択されるものではありません。交付申請をしても、採択されない可能性がありますのでご注意ください。また、交付決定の連絡が届く前に発注・契約・支払等を行った場合は、補助金の交付を受けることができません。交付申請から交付決定までの期間は約１か月ですので、IT 導入補助金の利用を希望する場合には、手続きにかかる時間を踏まえ、計画的に行いましょう。

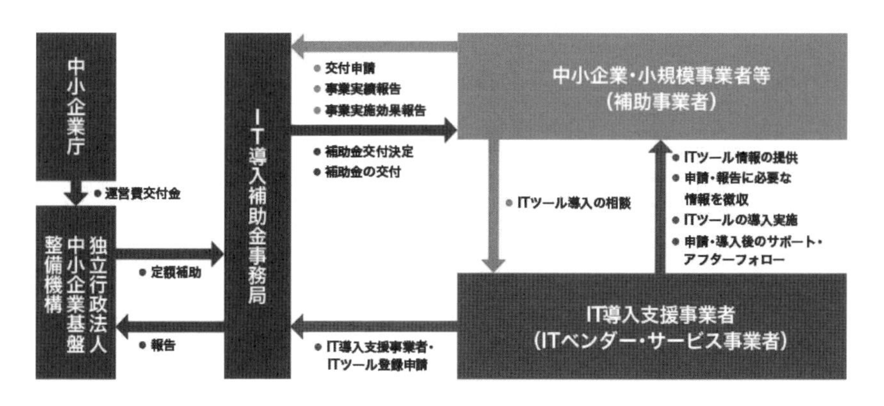

出典：一般社団法人 サービスデザイン推進協議ウェブサイト、IT 導入補助金 2023「事業概要」

Q 1-25 IT導入補助金の申請から採択までの流れとは？

A ITツールの選定→交付申請→交付決定通知→採択です。

はじめに、導入したいITツールを選定します。選定はIT導入支援事業者と行います。IT導入支援事業者との間で商談を進め、導入したいITツールが決まったら、交付申請の手続きを進めます。

申請完了後、事務局から「交付決定」の通知を受け、採択となります。交付が決定し、ITツールを導入した後は「効果報告」を行う必要があります。

解説

まずは自社の業種や事業規模、経営課題に沿って、IT導入支援事業者とITツールを選定します。**補助金の申請は、IT導入支援事業者にて取り扱いのあるITツールでなければ申請できません**。導入したいITツールが定まっている場合は、IT導入支援事業者に取り扱いがあるか確認を行う必要があります。導入したいITツールの取り扱いのあるIT導入支援事業者を選定の上、申請支援を依頼して手続きを始めましょう。

申請の準備として必要な項目は、『gBiz IDの取得』『SECURITY ACTION宣言』『みらデジ「経営チェック」の実施』、法人税の納税証明書、履歴事項全部証明書の取得等があります。IT導入補助金公式ウェブサイトに掲載されている「交付申請書の手引き」に沿って、IT導入補助金支援事業者と計画的に進めるようにしましょう。

申請ができたら、交付決定通知を受けて、採択となります。交付決定までの期間は約1か月です。交付決定を受ける前に、契約・発注、納品、請求、支払等を行った場合、補助金の交付を受けることができません。交付決定を受けた後にITツールの導入を開始するように注意しましょう。

ITツールを導入したら、実際にIT導入を行ったことの報告として、「事業実施報告」を行って、補助金額確定となります。

また、**ITツール導入後は「効果報告」を行う必要があります**。効果報告の内容は、生産性向上に係る数値目標に関する情報（売上、原価、従業員数及び就業時間等）や、給与支給総額・事業場内最低賃金等です。IT導入補助金の申請枠によって求められる報告内容は異なりますので、詳しくは「交付申請の手引き」をご確認ください。

○申請から採択までの流れ

事前準備	・導入するITツールの選定
	・導入したいITツールの取り扱いのあるIT導入支援事業者を選定
	・ITツールに係る見積書を取得
	・bBiz IDの取得
	・SECURITY ACTION宣言
	・みらデジ「経営チェック」の実施
	・法人税の納税証明書、履歴事項全部証明書取得等
⇩	
申請	・申請マイページに登録
	・申請マイページ上で、交付申請情報の入力・提出
⇩	
事業実施・実績報告	・ITツール導入
	・申請マイページ上で納品日や契約情報等を入力し、実績報告
⇩	
効果報告	・効果報告を実施

1-26 税理士ではない者がインボイス制度に関する助言等を行う場合の注意点とは？

事業者個別の状況に応じたアドバイスや納付税額の計算は、控えましょう。

税理士又は税理士法人ではない者でも、一般的なインボイス制度の説明を行うことに特段問題はないものと考えられます。
ただし、事業者個別の状況に応じたアドバイスをすることや、事業者の消費税納付額の計算等を行うことは、税理士法上の「税理士業務」にあたり、税理士又は税理士法人でない者がこれらの業務を行うと税理士法違反等の問題となるおそれがあります。

解 説

「税理士業務」とは、税理士法2条において、他人の求めに応じ、租税に関して、次に掲げる事務を行うことであると規定されています。同法52条により税理士又は税理士法人でない者が、原則として「税理士業務」を行うことは禁止されています。

①税務代理（2条1項1号）

税務官公署に対する申告等につき、又はその申告等若しくは税務官公署の調査若しくは処分に関し税務官公署に対してする主張若しくは陳述につき、代理し、又は代行すること（次の②にとどまるものを除きます）をいいます。

②税務書類の作成（2条1項2号）

税務官公署に対する申告等に係る申告書等を作成することをいいます。

③税務相談（2条1項3号）

税務官公署に対する申告等、法2条1項1号に規定する主張若しくは陳述又は申告書等の作成に関し、租税の課税標準等（国税通則法2条6号イからへまでに掲げる事項及び地方税に係るこれらに相当するものをいいます）の計算に関する事項について相談に応ずることをいいます。

例えば、免税事業者が課税事業者になることによる**納付額の算定**や、インボイスを受け取れないことによる仕入税額控除への影響の算定及び個別の状況に応じたアドバイスをすることは、上記の「税理士業務」となり、税理士又は税理士法人でない者がこれらの業務を行うと問題となるおそれがあります。一般的なインボイス制度の説明であれば問題はないものと考えられますが、「税理士業務」に該当する可能性のある説明を求められた際は、税理士へ相談することをおすすめします。

◎説明がNGとなる例

・免税事業者が課税事業者になることによる**納付額の算定**
・インボイスを受け入れないことによる**仕入税額控除への影響の算定**
・**個別**の状況に応じアドバイス　　　　など

税理士にご相談ください！

コラム

インボイス制度とDX

インボイス制度への対応においては、ITツールの活用もポイントとなります。

インボイス制度の導入後は、経理担当者の業務負担は大幅に増大すると考えられます。請求書の受領・発行、いずれの側面においても新たに発生するタスクに追われるでしょう。しかし、ITツールを活用することによって、業務の負担を解消することが可能です。

例えば、受領したインボイスの確認作業。

インボイスが適格請求書発行事業者から正しく発行されたものかどうか確認し、仕入税額控除を受けるための業務として、請求書等に記載された適格請求書発行事業者登録番号を国税庁の専用サイトで検索し照合する作業が想定されます。13桁の登録番号を1件ずつ入力して検索する作業は、負担が重い業務と言えるでしょう。この業務負担増を抑える効果が期待されるのが、国税庁Web-APIと連携し、自動で登録番号の照合を行ってくれる確認機能です。この機能が搭載された請求書受領システムを活用すれば、業務負担の増加を抑えつつ、インボイス制度に対応することが可能となります。

また、インボイスの発行業務においても、ITツールの活用が有効です。例えば、インボイスを各担当者が手書きや、Excel・Wordで作成したフォーマットをそれぞれ使用して発行している場合、インボイスに必要な記載事項が漏れてしまっていたり、消費税額を誤った端数処理の方法で算出してしまう等、適切なインボイスを発行できない可能性が考えられます。

しかし、請求書発行システムを活用すれば、システムで統一されたフォーマットに請求書の内容を入力するだけで、要件を満たした適切なインボイスを発行することが可能です。

また、請求書の発行業務では、請求書の印刷・封入・郵送といった作業負担に課題を持っている企業も多くいらっしゃいます。インボイス制度を機にシステムを導入することによって、業務の削減にも取り組むとよいのではないでしょうか。

この他にもインボイス制度の対応に加え、従業員が受け取る領収書やレシート等をシステムにアップロードすることで、経費精算の処理まで完結させることができるシステムや、受け取った請求書のテキスト情報を自動で読み取り、仕訳データを作成してくれるOCR機能等、さまざまなツールがあります。

会社の状況に合わせて、有効なITツールを活用し、インボイス制度に対応しましょう。

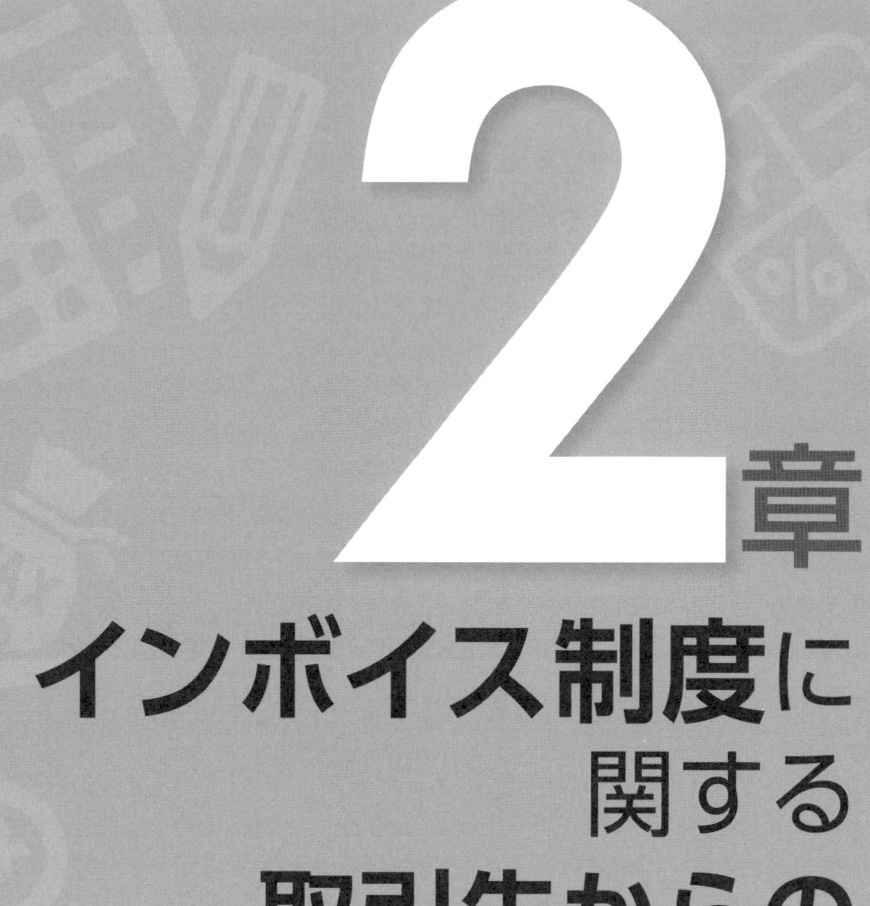

2章

インボイス制度に関する取引先からの相談Q&A

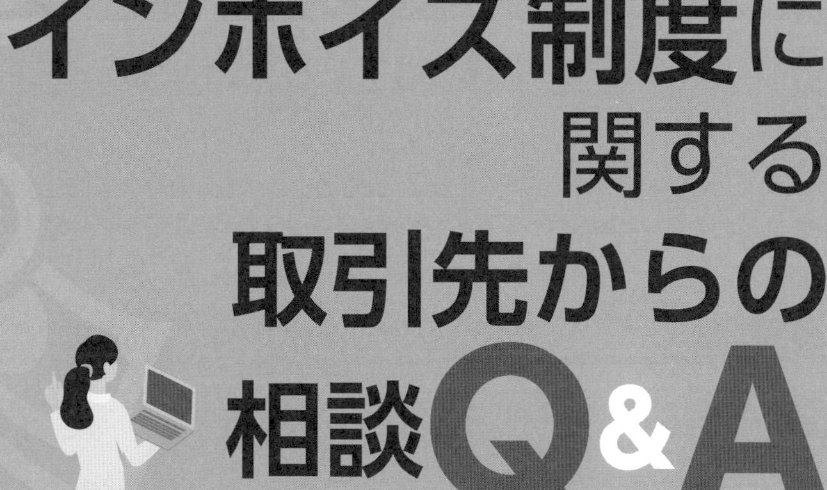

2-1 下請製造業者の場合、適格請求書発行事業者になったほうがよいか？

取引先との関係を考慮して判断しましょう。

適格請求書発行事業者になるかどうかはあくまでも事業者の任意となります。取引先との関係性も含め判断が必要です。
適格請求書発行事業者にならない下請製造業者の場合、元請の取引先が仕入税額控除を受けることができなくなるため注意が必要です。
また、現状が免税事業者の場合には適格請求書発行事業者になることにより、消費税の納税義務が発生し、手元に残る利益が減少し、申告義務が生じますので慎重な判断が必要です。

解説

適格請求書発行事業者には課税事業者でなければ登録できず、免税事業者はインボイスの発行ができません。したがって取引価格の改定等、これまでの取引先との関係に影響が生じる可能性があります。

また、インボイスを発行できない免税事業者は、課税事業者となり適格請求書発行事業者として登録するか、現状のまま免税事業者でいるか、経営の判断が求められることになります。

下請製造業の場合、元請の取引先の事業規模が大きい可能性が高く、適格請求書発行事業者の登録申請をしなければ、買い手である元請の取

引先の消費税の納税額に大きく影響してしまう可能性があります。

独占禁止法等により、下請先に適格請求書発行事業者の登録を強要することはできない状況ですが、今後の取引に影響が生じてしまう可能性があることから、取引先と十分な話し合いが必要となります。

また、免税事業者が課税事業者となり、適格請求書発行事業者になる場合、経理業務が煩雑化する可能性があります。例えば、請求書の様式変更や、経理業務のワークフローの見直し、インボイス制度に対応したシステムの導入の検討が必要になります。

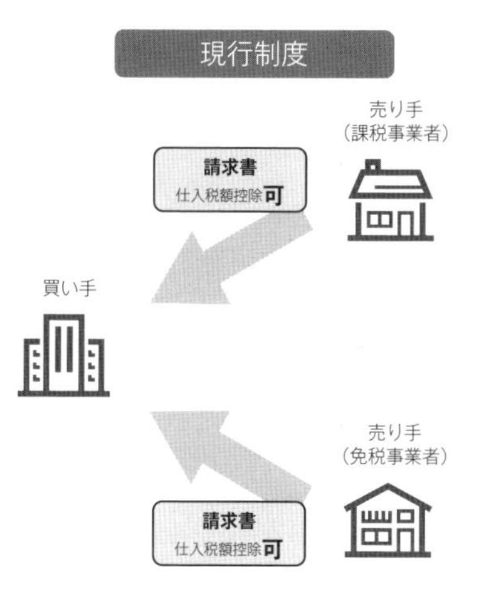

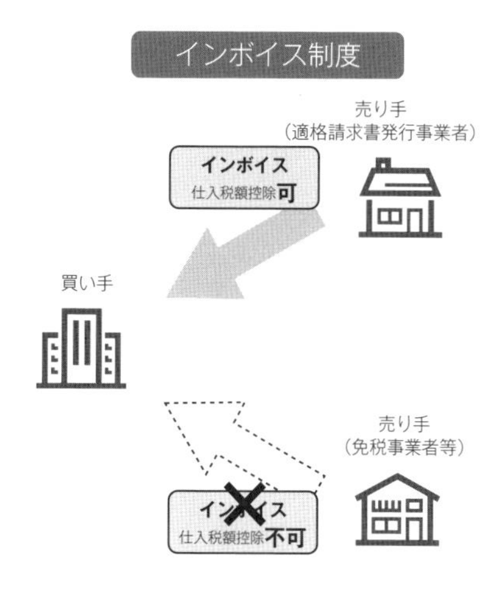

2-2 小売店の場合、適格請求書発行事業者になったほうがよいか？

取引先との関係を考慮して判断しましょう。

適格請求書発行事業者になるかどうかはあくまでも事業者の任意となります。適格請求書発行事業者にならない小売店の場合、買い手が仕入税額控除を受けることができなくなるため、取引の打ち切り等の影響を及ぼすことがあります。

また、現状が免税事業者の場合には適格請求書発行事業者になることにより、消費税の納税義務が発生し、手元に残る利益が減少し、申告義務が生じますので慎重な判断が必要です。

解説

前項と同様に、適格請求書発行事業者には課税事業者でなければ登録できず、免税事業者はインボイスの発行ができません。したがって取引価格の改定等、これまでの取引先との関係に影響が生じる可能性があります。

また、インボイスを発行できない免税事業者は、課税事業者となり適格請求書発行事業者として登録するか、現状のまま免税事業者でいるか、経営の判断が求められることになります。

小売店の場合、買い手が事業者の場合、インボイスの受領ができなければ、仕入税額控除を受けることができないため、今後の売上に大きな影響を及ぼす可能性があります。**小売店については、インボイスに代えて簡易インボイス**（適格簡易請求書。Q2－8参照）**の発行も認められていますが、インボイス制度に対応したレジの導入等の検討も必要となります**。

また、免税事業者が課税事業者となり、適格請求書発行事業者になる場合、経理業務が煩雑化する可能性があります。例えば、請求書の様式変更や、経理業務のワークフローの見直し、インボイス制度に対応したシステムの導入の検討が必要になります。

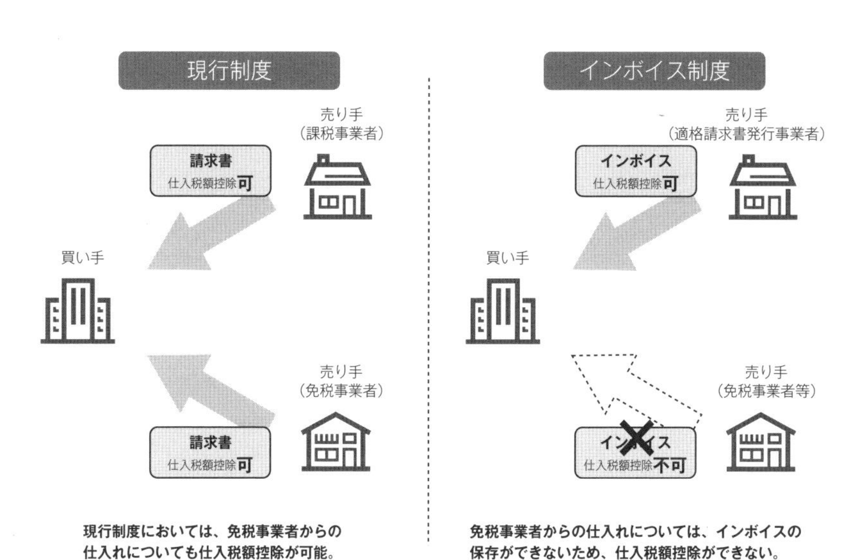

Q 2-3 不動産賃貸業・個人事業主の場合、適格請求書発行事業者になったほうがよいか？

A メリット・デメリットを検討しましょう。

適格請求書発行事業者になるかどうかはあくまでも事業者の任意となります。適格請求書発行事業者にならない不動産賃貸業の場合、賃借人が仕入税額控除を受けることができなくなるため、賃借人から家賃減額の交渉の可能性があります。

また、現状が免税事業者の場合には適格請求書発行事業者になることにより、消費税の納税義務が発生し、手元に残る利益が減少し、申告義務が生じますので慎重な判断が必要です。

解説

Q2－1、Q2－2と同様に、適格請求書発行事業者には課税事業者でなければ登録できず、免税事業者はインボイスの発行ができません。したがって取引価格の改定等、これまでの取引先との関係に影響が生じる可能性があります。

また、インボイスを発行できない免税事業者は、課税事業者となり適格請求書発行事業者として登録するか、現状のまま免税事業者でいるか、経営の判断が求められることになります。

また、免税事業者が課税事業者となり、適格請求書発行事業者になる場合、経理業務が煩雑化する可能性がありますので、請求書の様式変更、経理業務のワークフローの見直し、インボイス制度に対応したシステムの導入の検討が必要になります。

不動産賃貸業の場合、事務所・店舗等の賃借人がインボイスの受領ができない場合、仕入税額控除の適用を受けることができなくなるため、**家賃減額の交渉等の影響が生じる可能性があります**。ただし、所有物件が居住用賃借マンションのみの場合については、家賃収入に消費税が含まれていないためインボイス対応の必要はありません。

個人事業主においては、独占禁止法等により、取引先が適格請求書発行事業者の登録を強要することはできない状況ですが、**今後の取引に影響が生じてしまう可能性がある**ことから、取引先と十分な話し合いが必要となります。

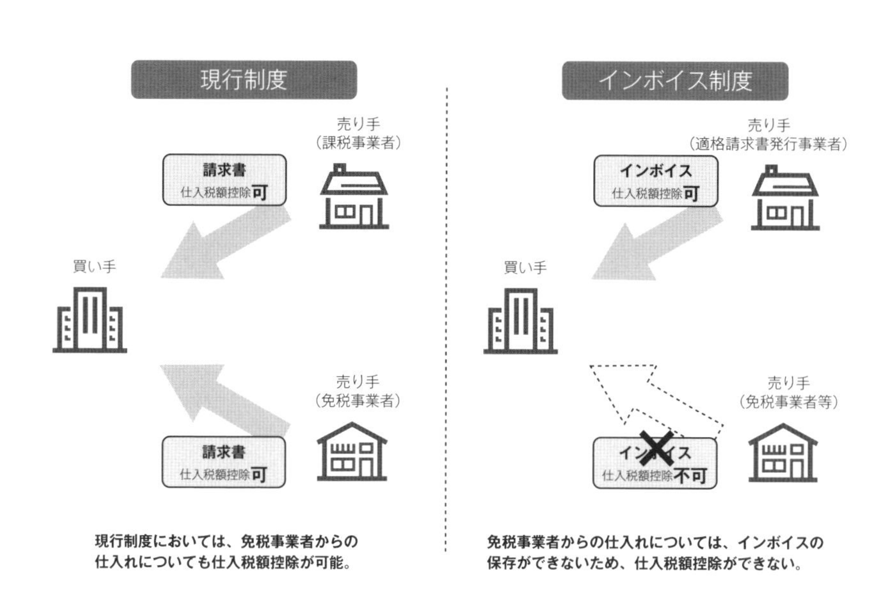

Q 2-4 免税事業者のままだと今後の取引にデメリットはあるか？

A 免税事業者の場合、取引関係が不利になることがあります。

免税事業者のままでは、取引先が消費税の課税事業者に該当する場合、取引先が仕入税額控除を受けることができなくなります。

そのため、免税事業者のままであることにより、取引の打ち切り等の影響を受けることがあります。また、取引先より取引価格の値下げの交渉の可能性があります。

解説

適格請求書発行事業者に該当しなければ、インボイスを発行することはできません。免税事業者のままではインボイスを発行することはできず、取引先は免税事業者と取引するよりも、課税事業者と取引するほうが仕入税額控除を受けることができ、消費税の納税額が少なくなります。

そのため、免税事業者のままでいることにより、現状の取引先から取引の打ち切り、取引価格の値下げ交渉により取引が減少し、売上が減少してしまう可能性があります。

免税事業者がインボイスを発行するためには、課税事業者になる必要があります。課税事業者になることでインボイスの発行が可能になりますが、一方で消費税の申告・納税の義務が生じます。

免税事業者が課税事業者となるかは各事業者の判断に委ねられますが、

取引先との関係などを考慮した上で判断することが重要です。

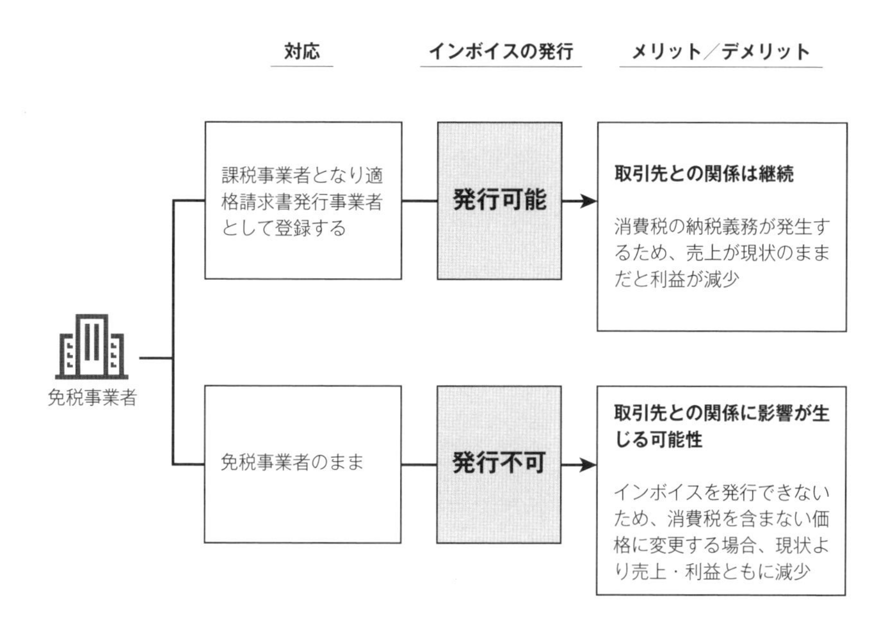

Q 2-5 インボイスを発行するために必要なこととは？

「適格請求書発行事業者」として登録申請が必要になります。

適格請求書発行事業者の登録申請をする必要があります。適格請求書の発行は、適格請求書発行事業者として登録を受けた事業者しかできません。

解説

適格請求書発行事業者の登録申請は、**事業者が「適格請求書発行事業者の登録申請書」を税務署に提出します**。

登録申請書の提出方法には、税務署への提出の他、e-Taxによる提出、インボイス登録センターへの郵送があります。詳しくは、国税庁ウェブサイトをご確認ください。適格請求書発行事業者の登録申請をすると、税務署において審査が行われ、審査で問題がなければ、税務署から事業者に対して適格請求書発行事業者の登録番号が記載された通知書が送付され、登録申請手続が完了となります。

提出してから登録を受けるまでの日安期間として、e-Taxの場合は1か月半程度、書面の場合は3か月程度（令和5年5月11日現在）が見込まれていますので、適格請求書発行事業者の登録申請期限についても確認の上、早めの登録申請をおすすめします。

登録申請期限について、インボイス制度が開始される令和5年10月1日において登録を受けるためには、原則として令和5年3月31日までに登録申請を行うこととされています。また、この期限までに登録申請書を提出できなかったことにつき困難な事情がある場合にはこの限りではないとされており、当該困難な事情を登録申請書に記載すれば、期限後でも申請書を受け付けるという内容になっています。

しかし、令和5年度の改正内容を踏まえ、期限後に提出する登録申請書に記載する困難な事情については、運用上、記載がなくとも受け付けるものとされ、**実質的に令和5年9月30日までの申請については、インボイス制度が開始する令和5年10月1日を登録開始日として登録される**ことになりました（Q1－9参照）。

とは言え、すでに登録番号や申請状況を確認するための書面を受け取られている事業者も多くいらっしゃると思いますし、登録番号を取引先に周知するといった手続きも必要になると考えられます。インボイス制度対応の第一歩として、早めの登録申請をおすすめします。

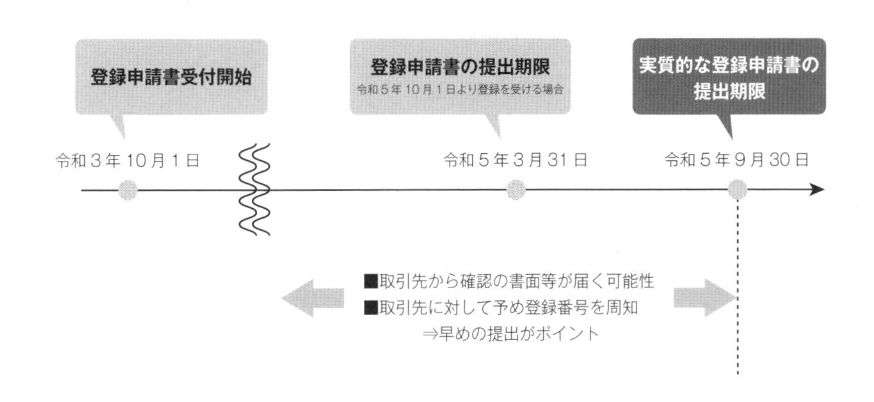

Q 2-6 インボイスは絶対に発行しなければならないのか？

A 絶対ということはありません。

インボイスを必ず発行しなければならないということはありません。しかし、インボイスを発行できないことによって、取引を行うことを敬遠されるなど取引先との関係に影響が生じる可能性があります。

解説

インボイス制度が始まったからといって、**取引の都度、必ずしもインボイスを発行しなければならないということはありません**。インボイスを発行するか否かは事業者の判断に委ねられます。

しかし、これまで解説してきた通り、インボイスを保存することができなければ、消費税の計算上、仕入税額控除の適用が受けられません。取引の相手方（買い手）が消費税の申告・納税を行っている企業や個人事業主の場合、仕入税額控除の適用を受けるために、彼らはインボイスの発行を求めてくるでしょう。インボイスの発行ができなければ、企業や個人事業主といった取引先から、取引を敬遠されてしまう可能性があります。

それでは、取引先である企業や個人事業主が損をしないように、消費税に相当する金額を値引きすればよいという考えが生じてきますが、これも好ましい対応とはいえません。なぜなら、インボイス制度がはじまると受け取った請求書や領収書等がインボイスか、インボイス以外かによって経理処理の方法が異なってくるためです。インボイスか、インボイス以外かを取引の都度、区別して経理処理を行うことは相当な工数がかかると想定されています。したがって、インボイスの発行をせず、値引きによって対応する場合であっても取引先から敬遠されてしまう可能性があります。

一方、取引の相手方（買い手）が、プライベートや家庭で利用することを目的とした一般の消費者の場合はどうでしょうか。一般の消費者は、自身で消費税の申告・納税を行うことはありませんから、インボイスを保存して仕入税額控除の適用を受けたいというインセンティブもありません。

このように、インボイスを絶対に発行しなければならないということはありませんが、取引の相手方（買い手）の属性を把握し、インボイスを発行することが必要か十分に検討しましょう。

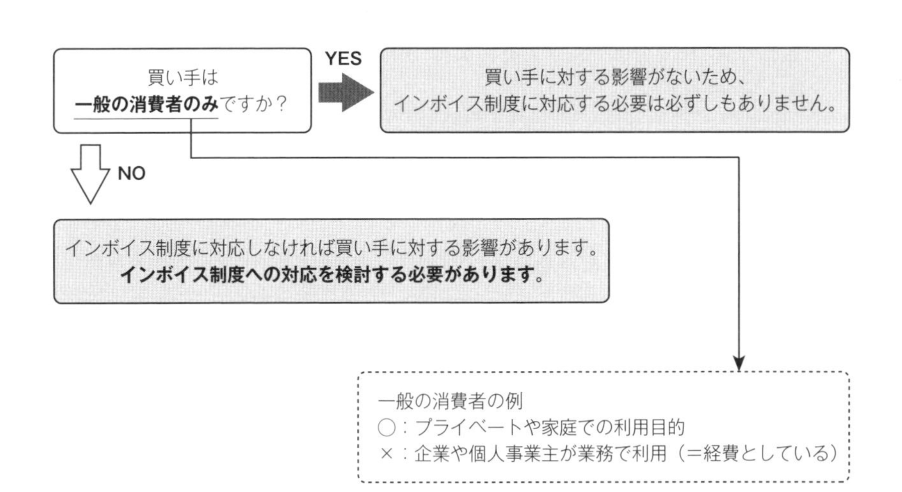

Q 2-7 インボイスと従来の請求書の違いとは？

インボイスと従来の請求書の相違は、記載事項が追加されたことと端数処理のルールが変更されたことの2点です。

インボイス制度開始までに記載事項の追加及び端数処理のルール変更に対応しましょう。

解説

インボイスとは、次に掲げる事項を記載した請求書、納品書その他これらに類する書類を指します（Q1－6参照）。

①適格請求書発行事業者の氏名又は名称及び登録番号
②取引年月日
③取引内容（軽減税率の対象品目である旨）
④税率ごとに区分して合計した対価の額（税抜又は税込）及び適用税率
⑤税率ごとに区分した消費税額等
⑥書類の交付を受ける事業者の氏名又は名称

従来の請求書等との相違は、その記載項目として、適格請求書発行事業者の登録番号、適用税率、税率ごとに区分した消費税額等の記載が新たに求められる点です。

また、従来の請求書等との相違として、**消費税額等の端数処理のルール変更**が挙げられます。従来（区分記載請求書等保存方式）は、消費税額が記載事項として定められていないため、端数処理のルールは定められていません。そのため、請求書等において、商品単位ごと（明細行ごと）に端数処理を行うことが一般的です。一方、インボイス制度においては、税率ごとに合計した対価の額に税率を乗じて消費税額を算出することが求められます。そのため、請求書等において、税率ごとに１回の端数処理を行う必要があります（下図参照）。

多くの企業では、請求書等に記載する消費税額等について、商品単位ごと（明細行ごと）に端数処理を行っていますので、請求書等を発行するためのシステムがこのルール変更に対応するか確認する必要があります。

また、エクセルを用いて請求書を発行している企業においては、当該エクセルの計算式を修正することが必要です。エクセルを用いている場合には、担当者ごとに自身が使いやすい形に加工していることも想定されます。全社的にこのルール変更を周知し、徹底することは困難なことと思われます。

さらに、手書きの領収書をインボイスとして用いる際には、端数処理のルール変更はもちろん、インボイスとして求められる記載事項を満たしているかについても注意が必要です。インボイスの発行業務については、システム化も含めて、当該業務フローを見直すこともインボイス制度に対応するポイントとなります。

区分記載請求書等保存形式

請求書

○○商店 御中

○年○月○日
●●商事㈱

12月分　16,277円（税込）

注）※印は軽減税率8%適用商品

日付	品名	金額（税抜）	消費税
12/1	ノート	1,687円	168
12/8	ボールペン	2,869円	286
12/10	ニンジン（※）	5,249円	419
12/15	タマネギ（※）	5,185円	414
		4,556円	454
		10,434円	833

適格請求書等保存方式

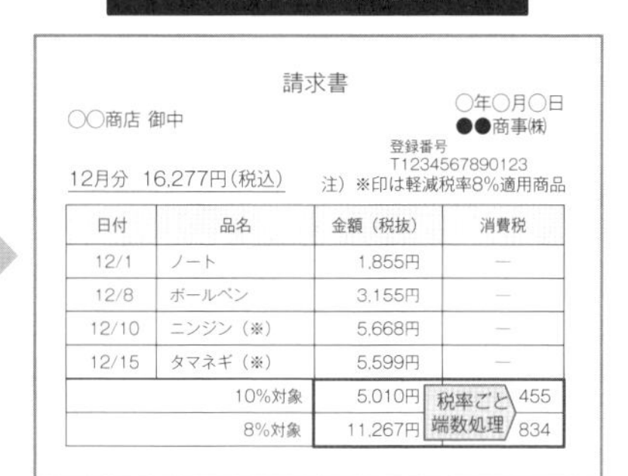

請求書

○○商店 御中

○年○月○日
●●商事㈱
登録番号
T1234567890123

12月分　16,277円（税込）

注）※印は軽減税率8%適用商品

日付	品名	金額（税抜）	消費税
12/1	ノート	1,855円	—
12/8	ボールペン	3,155円	—
12/10	ニンジン（※）	5,668円	—
12/15	タマネギ（※）	5,599円	—
	10%対象	5,010円	455
	8%対象	11,267円	834

Q 2-8 適格簡易請求書とは？

A インボイスの記載事項の一部を簡素化した請求書です。

適格簡易請求書（簡易インボイス）とは、インボイスで求められる記載事項のうち、一部の記載事項を簡素化した請求書等をいいます。適格簡易請求書は、小売業など不特定かつ多数の者を相手とする事業を行う場合に発行が認められます。

解説

インボイス制度において、適格請求書発行事業者が小売業など**不特定かつ多数の者を相手とする事業を行う場合には、インボイスの交付に代えて、適格簡易請求書の交付が認められています**。

適格簡易請求書の発行が認められる事業は、**小売業**の他、**飲食店業**、**写真業**、**旅行業**、**タクシー業**、**駐車場業**（不特定かつ多数の者に対する者に限ります）、**その他これらの事業に準ずる事業**で不特定かつ多数の者と取引を行う事業とされています。

また、適格簡易請求書の記載事項は、インボイスの記載事項よりも簡易なものとされており、インボイスの記載事項と比べると、不特定かつ多数の者を相手とする事業であるため、「書類の交付を受ける事業者の氏名又は名称」の記載が不要であり、「税率ごとに区分した消費税額等」又は「適用税率」のいずれか一方の記載で足りる点が異なります。

なお、具体的な記載事項は、次の通りです。

①適格請求書発行事業者の氏名又は名称及び登録番号

②取引年月日

③取引内容（軽減税率の対象品目である旨）

④税率ごとに区分して合計した対価の額（税抜又は税込）

⑤税率ごとに区分した消費税額等又は適用税率のいずれか

小売業や飲食店業など不特定かつ多数の者を相手とする事業においては、インボイスよりも記載事項を簡素化した適格簡易請求書の発行を認めることで、請求書等を発行する業務の負担に配慮した制度となっています。

○適格簡易請求書の記載例（適用税率のみを記載する場合）

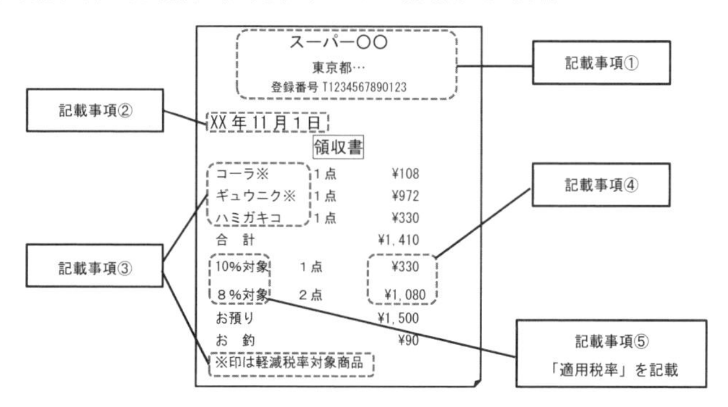

○適格簡易請求書の記載例（税率ごとに区分した消費税額等のみを記載する場合）

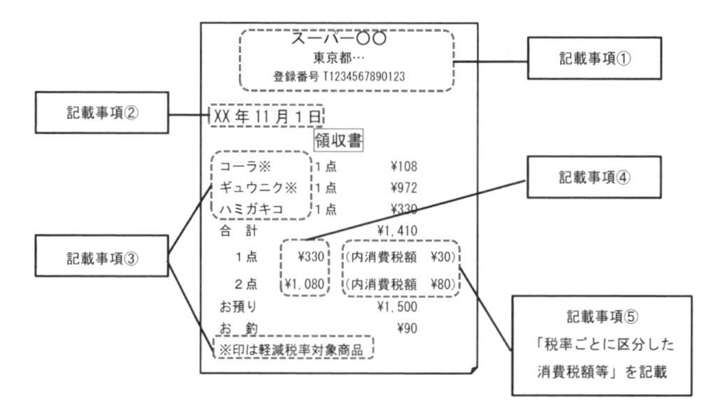

出典：国税庁「消費税の仕入税額控除制度における適格請求書等保存方式に関するＱ＆Ａ」をもとに作成

インボイス発行後に必要なこととは？

インボイスの写しを、一定期間、保存しなければなりません。

インボイスを交付した事業者は、交付したインボイスの写しを交付した事業年度の確定申告期限から７年間、保存する必要があります。

解説

インボイスを交付した事業者は、その交付したインボイスの写しを交付した事業年度の確定申告期限から**７年間、保存する必要があります**。「交付したインボイスの写し」とは、交付した書類そのものをコピーしたものだけではなく、そのインボイスの記載事項が確認できる程度の記載がされているものもこれに含まれるとされています。例えば、適格簡易請求書に係るレジのジャーナル、複数のインボイスの記載事項がまとめられた一覧表や明細表等の保存があれば、インボイスの写しを保存したことになります。

また、インボイスを自社で一貫してパソコン等を用いて作成し、電子データの形式で交付した場合には、電子帳簿保存法の要件に従うことで、当該電子データの保存をもって書類の保存に代えることができることとされています。

作成した電子データでの保存にあたっては、次の要件を満たす必要があります。

①インボイスの電子データの保存等にあわせて、システム関係書類等（システム概要書、システム仕様書、操作説明書、事務処理マニュアル等）の備付けを行うこと。
②インボイスの電子データの保存等をする場所に、その電子データの作成に用いたパソコン、プログラム、ディスプレイ及びプリンタ並びにこれらの操作説明書を備え付け、その電子データをディスプレイの画面及び書面に、整然とした形式及び明瞭な状態で、速やかに出力できるようにしておくこと。
③インボイスの電子データの提示若しくは提出の要求に応じることができるようにしておくこと又はインボイスに係る電磁的記録について、次の要件を満たす検索機能を確保しておくこと。
・取引年月日、その他の日付を検索条件として設定できること
・日付に係る記録項目は、その範囲を指定して条件を設定することができること

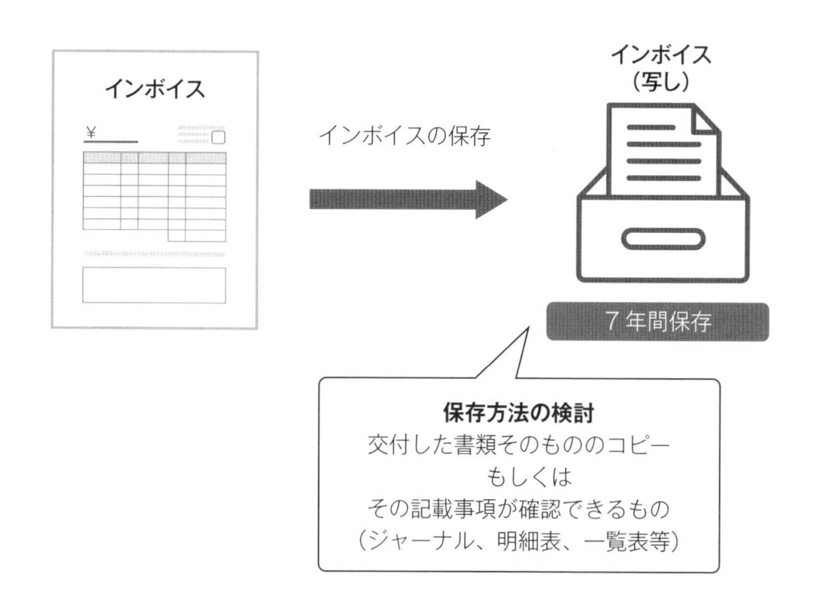

Q 2-10 取引先のインボイス発行（登録番号取得）の有無の確認方法とは？

取引先へ直接確認、又は国税庁ウェブサイトで確認します。

取引先が適格請求書発行事業者の登録を行っているかの確認方法として、以下の２つの方法が考えられます。

①取引先に直接確認する

②国税庁インボイス制度適格請求書発行事業者公表サイトの利用

解説

インボイス制度開始後に受領した請求書等がインボイスに該当するのか（特に、登録番号の記載があるのかあるいはその番号が正しいのか）を取引の都度確認することは、業務負担が大きくなることが想定されます。そこで、取引先が適格請求書発行事業者であるかを事前に確認することが重要です。

事前確認の方法でおすすめは、取引先に直接聞くことです。事前に適格請求書発行事業者に該当するか否かを回答するためのアンケートを準備しましょう。ただし、一定規模の取引先の場合には、すでに課税事業者であり、基本的に登録番号の取得を行うと考えられるため、個人事業者や零細事業者を中心に聞き取りをするようにすすめるのがよいでしょう。

また、国税庁のインボイス制度適格請求書発行事業者公表サイトが公開されていますので、こちらに登録番号を入力することで適格請求書発行事業者の登録を行っているか確認することができます。

他方で、事前確認が難しい場合には、事後的に受領した請求書の確認が必要となり、業務負担の増大が懸念されます。このような場合への対策として、上記国税庁のインボイス制度適格請求書発行事業者公表サイトと紐づいた判別機能を備える請求書等管理システムがリリースされています。それらに受領した請求書をアップロードすることで自動的にインボイスに該当するか否か判別し、確認の業務負担が軽減されます。インボイス制度への対応として、このようなシステムの導入をお客さまに案内してみるのもよいでしょう。

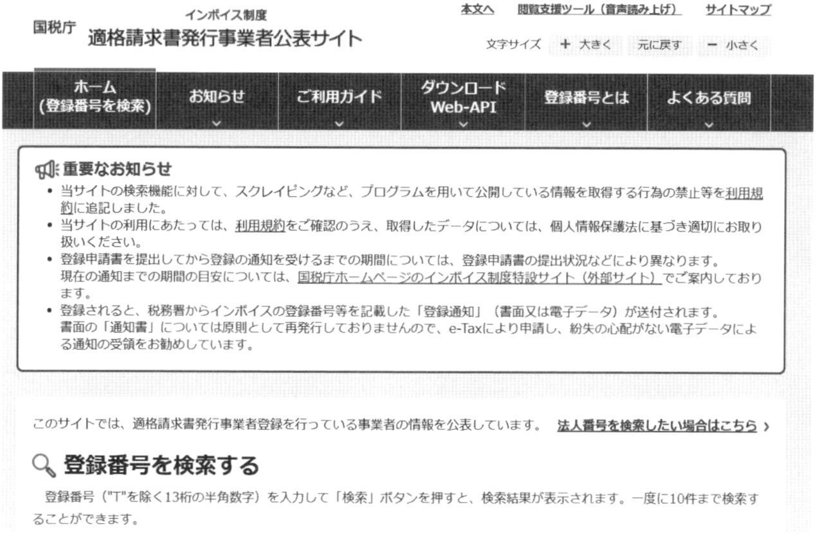

国税庁 インボイス制度 適格請求書発行事業者公表サイト
本文へ　閲覧支援ツール（音声読み上げ）　サイトマップ
文字サイズ　＋ 大きく　元に戻す　－ 小さく
ホーム（登録番号を検索）　お知らせ　ご利用ガイド　ダウンロード Web-API　登録番号とは　よくある質問

重要なお知らせ
- 当サイトの検索機能に対して、スクレイピングなど、プログラムを用いて公開している情報を取得する行為の禁止等を利用規約に追記しました。
- 当サイトの利用にあたっては、利用規約をご確認のうえ、取得したデータについては、個人情報保護法に基づき適切にお取り扱いください。
- 登録申請書を提出してから登録の通知を受けるまでの期間については、登録申請書の提出状況などにより異なります。
現在の通知までの期間の目安については、国税庁ホームページのインボイス制度特設サイト（外部サイト）でご案内しております。
- 登録されると、税務署からインボイスの登録番号等を記載した「登録通知」（書面又は電子データ）が送付されます。
書面の「通知書」については原則として再発行しておりませんので、e-Taxにより申請し、紛失の心配がない電子データによる通知の受領をお勧めしています。

このサイトでは、適格請求書発行事業者登録を行っている事業者の情報を公表しています。　法人番号を検索したい場合はこちら ›

登録番号を検索する
登録番号（"T"を除く13桁の半角数字）を入力して「検索」ボタンを押すと、検索結果が表示されます。一度に10件まで検索することができます。

出典：国税庁「インボイス制度適格請求書発行事業者公表サイト」

Q 2-11 すべての取引先にインボイスを求める必要はあるか？

適格請求書発行事業者からはインボイス、免税事業者からは請求書を受け取る必要があります。

取引先が適格請求書発行事業者であるならば、基本的にはインボイスの発行を依頼しましょう。一方で、取引先が適格請求書発行事業者の登録を行っていない場合には、インボイスを発行してもらうことができません。その場合の対応方法は、Q2-13やQ2-16を参考するようにしましょう。

解説

インボイス制度開始後は、商品の購入やサービスを受ける際に支払った消費税額の全額の仕入税額控除の適用を受けるためには、記載要件を満たしたインボイスの保存が必要となります。

したがって、**取引先が法人か個人事業者かを問わず適格請求書発行事業者であるならば、インボイスの保存が免除される一部の取引を除き、インボイスの発行を求めるようにしましょう**。請求書等を発行すべき売り手側については、インボイス制度開始後、買い手側の求めに応じてインボイスの発行義務が課されます（消費税法57条の4第1項)。買い手側は売り手側にインボイスの発行を求めることで確実にインボイスを受領するようにしましょう。

なお、前述の通り、インボイスは請求書や領収書に限られないため、例えば、家賃の自動引き落とし等の場合には、請求書や領収書が都度発行されるわけではないため、あらかじめ売り手側の登録番号等の記載要件を満たした契約書の締結等を行うようにしましょう（Q1－20参照）。

また、インボイス制度開始後も取引先の確認が必要ですが、買い手側が自ら作成する仕入明細書によっても、記載要件を満たせば仕入税額控除が認められるため、取引慣行を踏まえて対応を検討しましょう。

他方で、インボイスは適格請求書発行事業者しか発行することができないので、取引先が適格請求書発行事業者ではない場合には、インボイスの発行を求めることはできません。しかし、当初の6年間は経過措置により部分的に仕入税額控除を受けることは可能であり（Q1－10参照）、そのためには請求書等の保存が必要となります。

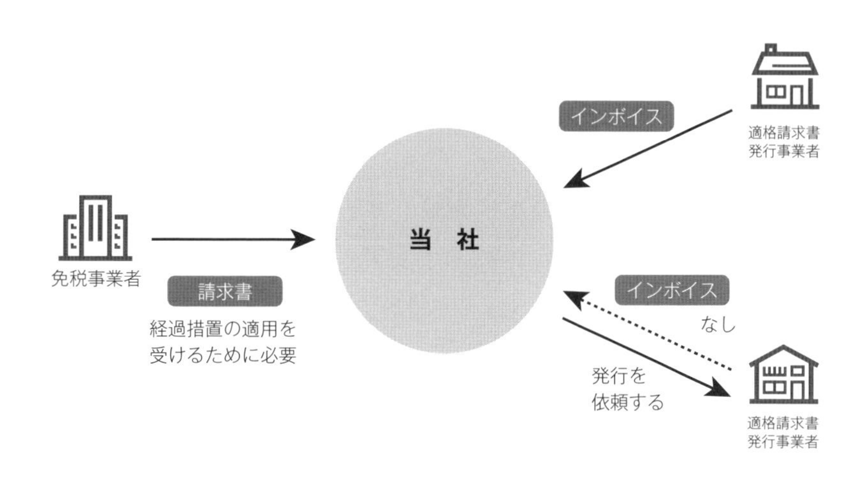

Q 2-12 少額の取引はインボイスが不要って本当なのか？

その認識は誤りです。

インボイス制度で仕入税額控除の適用を受けるためには、原則すべての取引でインボイスの保存が要件となります。したがって、金額の大小でインボイスの保存が不要となることはありません。ただし、特例として、図表の取引についてはインボイスの保存を省略することができます。

解説

現行制度においては、「3万円未満の課税仕入れ」やインターネットショッピングを利用した場合等「請求書等の交付を受けなかったことにつきやむを得ない理由があるとき」はその旨を帳簿に記載すればよく、必ずしも請求書等の保存は求められませんでした。しかし、インボイス制度においてはこれらの規定が廃止されますので、3万円未満の公共交通機関の利用や郵便切手を利用した郵便サービス、従業員の出張旅費等の一部の特例を除いて、**基本的にはすべての請求書等をインボイスとして保存する必要がある**ため注意が必要です。

これによりインボイスとして保存すべき請求書や領収書等の枚数が増大する可能性が高く、電子帳簿保存法のスキャナ保存の活用等によりペーパーレス化も合わせて検討するのがよいでしょう。

ただし、消費税の計算方法として、簡易課税制度を選択している場合には、消費税の対象となる売上や収入から納付する消費税額を計算するため、受領したインボイスの保存は必要ありません。また前述の通り、免税事業者が課税事業者になった場合には、令和8年9月30日までは売上税額の2割に軽減する措置もありますので（Q1－9参照)、仕入税額控除のための受領したインボイスの保存は不要となります。

また、令和5年度の税制改正において、基準期間（前々年・前々事業年度）における消費税の対象となる売上や収入が**1億円以下である事業者については、インボイス制度の施行から6年間、1万円未満の仕入れについては、インボイスの保存がなくとも帳簿の保存のみで仕入税額控除を可能**とする負担軽減措置が講じられています。

インボイス制度開始までに、インボイス制度の特例や税制改正の内容を踏まえ、インボイスとして保存しなければならない請求書等の範囲を確認しましょう。

○インボイスの交付義務が免除される取引一覧（イメージ）

①	3万円未満の公共交通機関による旅客の運送
②	3万円未満の自動販売機による販売
③	郵便切手を対価とする郵便サービス
④	入場券等が回収されるもの
⑤	古物商や質屋等が適格請求書発行事業者以外の者から仕入れる古物、質物等
⑥	宅地建物取引業を営む者が適格請求書発行事業者以外の者から仕入れる販売用の建物
⑦	適格請求書発行事業者以外の者から仕入れる再生資源又は再生部品
⑧	従業員等に支給する出張旅費等

Q 2-13 インボイスを発行しない取引先へはどう対応するか？

取引先が適格請求書発行事業者かどうかで、対応が変わります。

適格請求書発行事業者となっていない取引先なのか、適格請求書発行事業者にはなっているが取引の慣行として請求書等を発行しない取引先なのかによって対応が異なります。いずれにせよ、インボイス制度の開始後はインボイスの保存ができなければ、消費税の計算上、仕入税額控除の適用は受けられません。

解説

インボイスを発行しない取引先に対しては、その取引先の状況に応じて対応を検討しましょう。

まず、そもそも適格請求書発行事業者になっていない取引先に対しては、適格請求書発行事業者となってインボイスの発行を求めることになります。しかし、取引先が免税事業者の場合は、インボイスの発行事業者になることができません。この場合においては、取引価格の改定等を交渉していく必要があります。なお、インボイス制度へ対応しないことを理由に、一方的に取引を打ち切ったり、消費税に相当する金額を支払わないといった対応をとった場合、下請法等に抵触する可能性がありますので、取引先と十分にコミュニケーションを取って対応を促す必要があります。

一方、適格請求書発行事業者にはなっているものの、取引の慣行として請求書等を発行しないケースも想定されます。例えば、駐車場や事務所の賃貸、リース取引、定額の報酬等が考えられます。この場合も消費税の計算上、仕入税額控除の適用を受けるためにインボイスの保存が必要ですが、**インボイスとして必要な記載事項は、１つの書類だけで記載されている必要はなく、例えば、既存の契約書に加えて取引事実を示す書類として通帳のコピーや振込明細書を、さらに、登録番号や消費税額等が記載された通知書や確認書を保存しておけば、インボイスの保存ができたことになり、仕入税額控除の要件を満たすことができます**。インボイス制度の開始に備えて、既存の契約書のひな型をインボイス制度に対応したものに改訂しておくとよいでしょう（Q１－14参照）。

また、インボイス制度においても、買い手（受領者）が作成する一定の事項が記載された仕入明細書や支払明細書等を保存することにより仕入税額控除の適用を受けることができます。この場合、記載する登録番号は取引先のものとなる点や、現行の制度と同様、取引先の確認を受けたものに限られますのでご留意ください。

◎事務所家賃の対応例

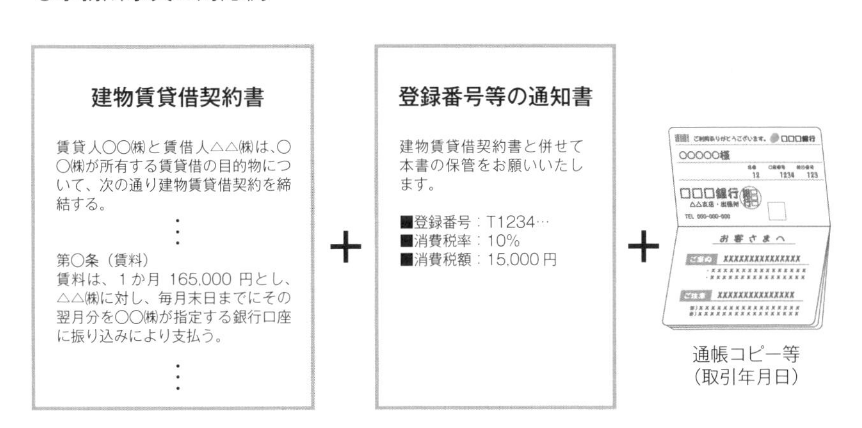

通帳コピー等
（取引年月日）

Q 2-14 インボイスを受け取った後に必要なこととは？

適正なインボイスかを確認し、保存する必要があります。

インボイスを受け取った際には、その受け取ったインボイスが要件を満たしたものであるか確認する必要があります。
また、インボイスの受領者は消費税の計算上、仕入税額控除の適用を受けるためにはインボイスを７年間保存しなければなりません。

解　説

請求書や領収書等を受け取った際には、当該請求書等がインボイスに該当するかを確認する必要があります。受け取った請求書等がインボイスか否かで、その後の処理が異なってくるためです。また、インボイスの受領者は、発行者と同様に（Q２－９参照）、消費税の計算上、仕入税額控除の適用を受けるためにはインボイスを７年間保存しなければなりません。

受け取った請求書等がインボイスに該当するか否かについて確認すべき事項は、次の２点です。

①請求書等を発行した取引先が適格請求書発行事業者か

②インボイスとして求められる記載事項を満たしているか

インボイスには適格請求書発行事業者の登録番号の記載が求められま

すので、この登録番号の記載をまず確認することになります。さらに、この登録番号が適正なものであるかは、国税庁の適格請求書発行事業者公表サイトで確認することができます。

インボイスとして求められる記載事項が請求書等に記載されているかは、現行制度と比較して、適格請求書発行事業者の登録番号の記載が必要になるほか、適用税率と税率ごとに区分した消費税額等の記載が加わっています。これらの新たに記載が必要となった事項が記載され、インボイスの要件を満たしているか確認する必要があります。

しかし、これらの確認作業を取引の都度、すべての取引先に対して確認することは多大な工数がかかることが予想され、実務的には困難です。これらの確認作業をいかに省力化できるかがインボイス制度後の経理業務の課題の1つとなります。なお、会計ソフトや業務効率系のクラウドシステムの中には、これらの確認作業をアシストする機能を備えたものが販売されています。これらのシステムの導入も視野に経理業務のフローを見直す必要があります。

◎インボイス制度開始後の請求書受領から記帳までの流れ

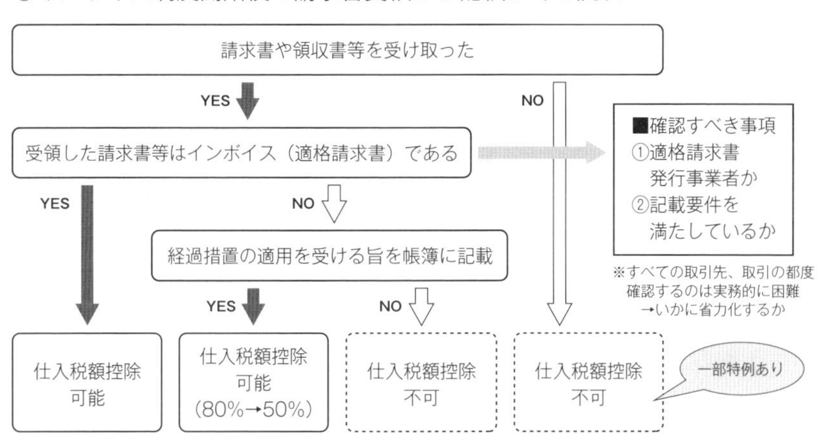

Q 2-15 法人税法や所得税法の保存書類との差異とは？

A 適式な帳簿と請求書等の保存が必要です。

消費税法において、仕入税額控除の適用を受けるためには、法定事項が記載された帳簿及び請求書等の保存が要件とされています。
一方、所得税法、法人税法においては、法定事項を帳簿に記載することに代えて、それらの記載事項の全部又は一部が記載されている取引関係書類を整理・保存すること（帳簿代用書類）を認めています。

解説

消費税法において仕入税額控除の要件となる帳簿への記載事項、請求書等の記載事項が定められています。

この記載事項がない場合、仕入税額控除の適用を受けることができません。

そのため、所得税法、法人税法において、帳簿代用書類が保存されていても、消費税の仕入税額控除のための帳簿については、記載すべき事項の全部又は一部が欠落していることになり、「帳簿及び請求書等の保存」があるとは認められません。

また、電子帳簿保存法の改正により、所得税法、法人税法においては電子取引に係る電子データについては原則として書面に出力して保存することが廃止となっています。一方、消費税法においては電子取引に係る電子データについて、その保存の有無が消費税の税額計算に影響を及ぼすことを勘案して、引き続き書面による保存をすることが認められています。

〇電子取引に係る電子データの保存方法と各法律の関係

	令和４年１月～ 令和５年９月	令和５年10月～ （インボイス制度開始後）
消費税法	原則：**紙での保存** ※帳簿への追加記載に電子データでの保存可能	原則：**電子データ保存** （帳簿への追加記載不要） ※紙での保存も可能
法人税法・所得税法	**電子データのみ**	

出典：加藤博己税理士事務所ウェブサイト「電子帳簿保存法の改正と消費税の請求書等の保存要件の関係を確認しておきましょう」をもとに作成

Q 2-16 法人税や所得税の納税額への影響はあるか？

法人税額及び所得税額が減少します。

インボイス制度が導入されることにより、適格請求書発行事業者以外の者からの課税仕入れについて仕入税額控除の適用を受けることができなくなります。
消費税法上は仕入税額控除の適用を受けることができませんが、法人税法上、所得税法上はその控除できない消費税部分については損金として取り扱われることから、法人税額及び所得税額が減少することになります。

解説

インボイス制度導入後、適格請求書発行事業者以外の者（免税事業者又は適格請求書発行事業者の登録を受けていない課税事業者）からの課税仕入れについては、原則として仮払消費税等の額はないことになります（令和11年9月30日までは経過措置の適用が設けられています、Q1－10参照）。

会計において、仮払消費税等の額として経理した金額がある場合には、その金額を取引の対価の額に算入して法人税の所得金額の計算を行うことになります。

また、会計上、控除できない仮払消費税等を雑損失で計上している場合には、法人税額・所得税額の計算上、税務調整が必要となるケースもありますので注意が必要です。

具体的には、次のケースのようなことになります。

〇適格請求書発行事業者以外の者から商品を仕入れたケース

前提：当期に商品を税抜 10,000 円（20 個）で取得

会計上の仕訳

〈仕入時〉

（仕入）	10,000 円	（現預金）	11,000 円
（仮払消費税等）	1,000 円		

〈決算時〉（10 個売却 10 個期末在庫）

（商品）	5,000 円①	（仕入）	5,000 円
（雑損失）	1,000 円②	（仮払消費税等）	1,000 円

税務上の仕訳

〈仕入時〉

（仕入）	11,000 円	（現預金）	11,000 円

〈決算時〉（10 個売却　10 個期末在庫）

（商品）	5,500 円③	（仕入）	5,500 円

法人税の申告調整

商品①＋雑損失②－商品③＝ 500 円

【別表四】

加算・留保　　雑損失過大計上　 500 円

雑損失のうち、販売した商品（10 個）については売上原価として当期の損金に算入し、期末在庫（10 個）に係る部分については、当該事業年度の所得の金額に加算します。

Q 2-17 インボイスは書面に限られるのか？

書面に限られません。

インボイスの発行や保存は電子データで行うことも可能です。
ただし、電子データのインボイス（以下、「デジタルインボイス」という）を電子データのまま保存する場合や紙のインボイスを電子データの状態で保存する場合には、電子帳簿保存法の要件を備えた保存を行わなければなりません(Q2-9参照)。

解説

メール等での電子ファイル化した請求書の授受や、請求データのEDIシステムを介した取引先とのやり取りはすでに一部の企業では一般化しているかと思います。インボイス制度開始後は、消費税法上でインボイスを電子的に授受することが明文で認められています。

デジタルインボイスは制度対応だけでなく経理業務の効率化にとって重要な鍵となりますが、注意しなければならないのは保存方法です。電子データのままもしくは書面のものを電子データに変換して保存する場合には、前者については電子帳簿保存法の「電子取引」、後者については「スキャナ保存」の要件に従った保存が必要となります。

「電子取引」であれば、タイムスタンプの付与又は訂正削除防止に係る事務処理規程の整備等を行い恣意的な訂正等の不正を防止する真実性の要件と、取引日付や取引先、取引金額で検索可能であることなどを求める可視性の要件を満たさなければなりません。「スキャナ保存」の場合にはより厳格な恣意的な訂正等の防止措置や帳簿との関連性、スキャンする際の解像度や諧調等も求められます。

特に、令和６年１月１日からは、メールでの授受や請求書管理システムからのダウンロード、EDIシステムを介したやり取り等の「電子取引」によりデジタルインボイスを授受した場合には、電子データのまま保存することが完全義務化されているため、電子保存に対応したシステム化や社内体制づくりが必要となります。

したがって、インボイス制度に合わせて、電子帳簿保存法への対応も検討するようにしましょう。

〇電子取引の保存要件

※下記要件のうち下線を付した部分が、令和３年度税制改正により変更があった箇所です。

真実性の要件	以下の措置のいずれかを行うこと ①タイムスタンプが付された後、取引情報の授受を行う ②取引情報の受領後、<u>速やかに（又はその業務の処理に係る通常の期間を経過した後、速やかに）</u>タイムスタンプを付すとともに、保存を行う者又は監督者に関する情報を確認できるようにしておく ③記録事項の訂正・削除を行った場合に、これらの事実及び内容を確認できるシステム又は記録事項の訂正・削除を行うことができないシステムで取引情報の授受及び保存を行う ④正当な理由がない訂正・削除の防止に関する事務処理規程を定め、その規程に沿った運用を行う
可視性の要件	保存場所に、電子計算機（パソコン等）、プログラム、ディスプレイ、プリンタ及びこれらの操作マニュアルを備え付け、画面・書面に整然とした形式及び明瞭な状態で速やかに出力できるようにしておくこと
	電子計算機処理システムの概要書を備え付けること
	探索機能※を確保すること ※帳簿の探索要件①～③に相当する要件<u>（ダウンロードの求めに応じることができるようにしている場合には、②③不要）</u> <u>保存義務者が小規模な事業者でダウンロードの求めに応じることができるようにしている場合には、検索機能不要</u>

出典：国税庁のウェブサイトをもとに作成

Q 2-18 デジタルインボイスの活用のメリットとは？

業務の軽減・効率化等があります。

デジタルインボイスへの対応で下記のメリットを享受することができる可能性があります。

①登録番号等の判別等の業務増加の軽減
②経理業務の効率化
③保存証憑の増加への対応

解説

インボイス制度の開始により保存すべき請求書等の証憑に関する記載要件が厳格となったため、例えば請求書に記載の登録番号が正しいのかということや、適用税率等の記載がきちんとなされているかを確認するという工数の増加が考えられます。しかし、国税庁のサイトとAPI連携している請求書管理システムに請求書等をアップロードすることで、AI-OCRが自動で内容を読み取り、登録番号が正しいのかあるいは適用税率等の記載要件を満たしているかを判別してもらう、そのようなシステムも登場しています。こちらを使えば工数の増加を軽減することができます。さらに、従来紙を原本としていたときのような社内での回覧や稟議に回す等の手間を、システム上で手軽に行えるようにすることやシステム上で自動的に仕訳を作成することも期待でき、ミスの減少や経理業務自体の効率化にもつながるかと思われます。こうしたインボイス制度への対応を考慮して、システムを導入することで社内の経理業務自体の体制や取り組みを見直すことができるという点でもシステム化を検討する上での大きなメリットになり得ます。

このほかにも、インボイス制度開始後は少額のインボイスも保存しなければならないことや、売り手側の発行インボイスの控えも保存しなければいけないなど、保存すべき証憑の量が増えるため、書面の保存で対応しようとすればファイリングの手間やスペースもより必要となります。このような課題もインボイスをデータのまま保存することで解消することが期待できます。

①登録番号等の判別等の業務増加の軽減
②経理業務の効率化
③保存証憑の増加への対応

執筆者紹介

辻・本郷税理士法人

辻・本郷税理士法人は、顧問先約17,000件、国内85拠点、海外7拠点（2023年5月現在）を擁し、お客さまの多様なニーズにお応えするため専門分野別に特化したサービスを提供。また辻・本郷グループ内の弁護士、司法書士、行政書士、FP、社会保険労務士などの専門家や、会計システムの導入支援、経営支援、補助金申請担当と連携し、大手ならではの組織力を活かした、ワンストップでサポートする。

辻・本郷ITコンサルティング株式会社

国内最大級の税理士法人である辻・本郷税理士法人のグループ会社として2014年に創業。実践した数多くのDX化ノウハウをグループ内外に展開。バックオフィスに課題を抱える組織のコンサルティングから導入までをワンストップで行う。電子帳簿保存法やインボイス制度対応等、最新のコンサルティング事例にも精通。「無数の選択肢から、より良い決断に導く」をミッションとし、情報が多すぎる現代において、お客さまにとっての「より良い」を見つけるパートナーを目指す。

菊池 典明　（きくち のりあき）
西野 雅丈　（にしの まさたけ）
髙山 智之　（たかやま ともゆき）
藤江 高寛　（ふじえ たかひろ）
阿南 悠乃　（あなん ゆうの）
川中 明華　（かわなか はるか）
清藤 ひかる　（せいとう ひかる）

金融機関行職員が知っておきたい　インボイス制度 Q&A

2023年7月19日　第1刷発行

編　　者　辻・本郷税理士法人
辻・本郷ITコンサルティング株式会社
発行者　志　茂　満　仁
発行所　㈱経済法令研究会
〒162-8421　東京都新宿区市谷本町3-21
電話　代表03(3267)4811　制作03(3267)4823
https://www.khk.co.jp/

営業所／東京03（3267）4812　大阪06（6261）2911　名古屋052（332）3511　福岡092（411）0805

装丁・本文デザイン／田中真琴　組版／㈲トム・プライズ　制作／小林朋恵
印刷／㈱加藤文明社　製本／㈱ブックアート

　ISBN978-4-7668-3493-2

☆　本書の内容等に関する追加情報および訂正等について　☆

本書の内容等につき発行後に追加情報のお知らせおよび誤記の訂正等の必要が生じた場合には、
当社ホームページに掲載いたします。
（ホームページ 書籍・DVD・定期刊行誌 メニュー下部の 追補・正誤表）